# Pilger
### für einen Tag

Christina Rademacher

# Pilger
## für einen Tag

Wanderungen zu
Niederösterreichs Klöstern

styria verlag

# Inhalt

*Oben: Stift Melk; vorige Seite: Stift Altenburg*

# Schritt für Schritt
# zur Einkehr

# Heute gehe ich ins Kloster!

Mir reicht's – jetzt geh ich ins Kloster! Wer hat nicht schon einmal diesen Stoßseufzer zum Himmel geschickt und sich dabei ertappt, von einem beschaulichen Leben abseits fordernder Chefs, quengelnder Kinder und nörgelnder Ehepartner zu träumen? Wie einladend erscheint das durchaus großzügige, aber zur Alleinbenutzung gedachte Mönchshaus einer Kartause, wenn alle etwas von einem wollen – und das sofort. Mit Berufung hat das freilich nichts zu tun, eher mit der Stille, die man mit dem Klosterleben verbindet und die jedenfalls dann erstrebenswert erscheint, wenn einem der Alltag über den Kopf wächst.

Auf dieses Bedürfnis reagieren mittlerweile viele Klöster, indem sie Wanderexerzitien, Stille-, Kräuter- oder Kreativklausuren oder Fastenwochen anbieten. Doch im hektischen Alltag, zwischen lästigen Terminen und unaufschiebbaren Besorgungen, fehlt manchmal sogar die Zeit, um eine längere Auszeit überhaupt nur zu planen. In diese Lücke möchte das vorliegende Buch springen, indem es Ihnen spontane Fluchten für einen Tag ermöglicht: entspannende Wanderungen, die Körper und Seele erfrischen, in Kombination mit anregenden Klosterbesichtigungen, die dem Geist neue Impulse geben – „Pilgern light" sozusagen. Wandern versteht sich dabei auch als Wandern zurück in die Vergangenheit, als Besinnung auf die Stille und Abge-schiedenheit von der Welt, die von jeher mit einem Leben als Mönch oder Nonne verbunden wird.

Die zumeist drei- bis vierstündigen Touren sind so geplant, dass sie ausreichend Gelegenheit für die Besichtigung der Stifte und Kartausen Niederösterreichs und ihrer Kunstschätze aus vielen Jahrhunderten, aber auch für den Genuss der Natur geben: Wo die Klöster selbst zu touristischen Top-Zielen geworden sind, findet sich die ersehnte Stille eher in ihrer Umgebung, im Wald, am Bach oder auf einer Wiese. Dabei stoßen die Ruhesuchenden von heute überall auf die Spuren, die Ordensfrauen und -männer hinterlassen haben: Stiftsgärten, -parks und -güter ebenso wie stiftseigene Wälder, Weingärten, Almen und Mühlen.

Andere Zeugen der Vergangenheit, die Ihnen bereits während der Wanderung begegnen werden, sind die Kirchen, Kapellen und Bildstöcke am Wegrand, deren Existenz zum Teil eng mit den Klöstern zusammenhängt. Unabhängig von der Religiosität der Betrachter stehen sie wie Inseln der Ruhe und Beständigkeit in einer Landschaft, die sich zum Teil stark verändert hat, seitdem sich die ersten Konvente in ihr niederließen. Jede Wanderung führt somit auch im übertragenen Sinn in das Umfeld der Klöster und macht Schritt für Schritt mit ihrer Geschichte und Bedeutung vertraut.

Die
Touren
im Über-
blick

Litschau
Heidenreichstein
Raabs an der Thaya
Geras
Schrems
Retz
Gmünd
Weitra
Horn
Pulkau
Laa an der Thaya
Poysdorf
Eggenburg
Zwettl
Gars am Kamp
Maissau
Hollabrunn
Mistelbach
Groß Gerungs
Gföhl
Ernstbrunn
Langenlois
Krems an der Donau
Stockerau
Wolkersdorf
Gänserndorf
Tulln
Korneuburg
Traismauer
Klosterneuburg
Herzogenburg
Marchegg
Pöchlarn
Melk
St. Pölten
Purkersdorf
Wien
Ybbs an der Donau
Loosdorf
Neulengbach
Pressbaum
Schwechat
Amstetten
Wieselburg
Wilhelmsburg
Haag
Mank
Alland
Mödling
Scheibbs
Hainfeld
Baden
Bruck an der Leitha
Lilienfeld
Traiskirchen
Waidhofen an der Ybbs
Bad Vöslau
Ebreichsdorf
Berndorf
Pernitz
Wiener Neustadt
Neunkirchen
Ternitz
Gloggnitz

0  10  20  30  40  50 km

Wo schon der Weg das Ziel ist, sollen An- und Abreise nicht ausgespart werden: Die Touren wurden so ausgewählt, dass Start- und Endpunkte mit Bahn und/oder Bus erreichbar sind. Das dauert zwar meist etwas länger als mit dem Auto, dafür lässt sich diese Zeit bestens zur Einstimmung und Entspannung nutzen – dem vermeintlichen Zwang, alles schnell und effizient zu erledigen, möchte man ja gerade entfliehen.

## Tipps

**An- und Abreise:** Vor der Tour Bahn- und Busverbindungen abfragen. Gerade in abgelegenen Regionen fahren Busse an Wochenenden und in den Schulferien noch seltener als ohnehin schon. Für die Planung am besten geeignet ist www.oebb.at, unterwegs informiert die ÖBB-App Scotty in Echtzeit über die nächsten Verbindungen. Falls möglich, planen Sie Ihre Tour so, dass Sie um 12 Uhr im Stift ankommen: Viele Klöster, z. B. Göttweig, Altenburg und Herzogenburg (➤ Tour 8, 13, 6), bieten an, am Mittagsgebet teilzunehmen.

**Klöster:** Vor der Tour prüfen, ob das entsprechende Kloster geöffnet hat. Manche Stifte sind nur von Ostern bis Allerheiligen geöffnet, manche nur am Wochenende und feiertags, manche haben im Winter eingeschränkte Öffnungszeiten oder besondere Regelungen für kirchliche Feiertage. Normalerweise nicht öffentlich zugängliche Klöster bieten mitunter am Tag des Denkmals die Möglichkeit zur Besichtigung (www.tagdesdenkmals.at).

**Ausrüstung:** Zwar sind die Wanderungen vom Schwierigkeitsgrad her leicht und für Familien und ältere Menschen geeignet, doch weil sie oftmals durch den Wald, durch feuchte Bachtäler oder über steile und steinige Steige führen, sind feste, wasserdichte Schuhe mit guter Profilsohle für fast alle Touren unabdingbar.

**Wegführung:** Falls die Wanderung zum Kloster durch einen Wald führt, kann es vorkommen, dass Wege wegen Forstarbeiten gesperrt sind. Wer auf Nummer sicher gehen will, sollte sich vorab informieren – oft gehören die umliegenden Wälder ohnehin dem Stift.

**Karten:** Mit den Tourenkarten und Wegbeschreibungen in diesem Buch sollten Sie sich problemlos zurechtfinden, trotzdem ist die Mitnahme einer detaillierten Wanderkarte empfehlenswert (➤ S. 169).

# Heilsuchende und Abenteurer: Kurze Pilgergeschichte

## Bitte keine Wunder mehr: Massenbewegung im Mittelalter

So unterschiedlich die Motive auch sind: Der Tradition des Pilgerns liegt die eine gemeinsame Erfahrung zugrunde, auf bestimmten Wegen oder an bestimmten Orten göttliche Kräfte zu spüren. Reiche Adelige und Geistliche waren die Ersten, die sich in der ausgehenden Antike aus religiösem Antrieb auf die Reise nach Rom, ins Heilige Land oder zu den Gräbern der Apostel machten. Nachtquartier suchten sie zumeist in Klöstern: „Alle Gäste, die zum Kloster kommen, werden wie Christus aufgenommen ... Allen erweise man die gebührende Ehre, besonders den Glaubensgenossen und den Pilgern", heißt es schließlich in der Ordensregel Benedikts von Nursia (480– 547), der als Begründer des abendländischen Mönchtums gilt.
Für die Mönche, die oft auch als Wächter jener Heiligengräber fungierten, über denen ihre Abteien errichtet wurden, war die Gastfreundschaft so lange kein Problem, wie sich die Zahl der Pilger in Grenzen hielt. Im Mittelalter allerdings explodierte die Zahl der Menschen, die an den Gräbern der Heiligen und an den Stätten ihrer Wunder Trost, Hilfe und Ablass suchten: Ausgerüstet mit einem dunklen Umhang, der *pélerinage,* einem breitkrempigen Hut und einem Stab als Stütze und Schutz vor wilden Tieren, zogen die Pilgerscharen oft monate- oder gar jahrelang durch Europa. Gegen 1400 gab es rund 10.000 Wallfahrtsziele für die abendländische Christenheit, unter ihnen das nordspanische Santiago de Compostela und das französische Inselkloster Mont-Saint-Michel. Im Jahr 1466 sollen allein im Schweizer Benediktinerkloster Einsiedeln 130.000 Wallfahrer gezählt worden sein.
Auch wenn sich viele „verkehrsgünstig" gelegene Abteien in den Dienst der Pilger stellten, sie aufnahmen und verpflegten, hatten die Mönche bei dieser ungeheuren Anzahl von Gästen nicht nur Schwierigkeiten, den Besuch der Heiligenstätten in geordnete Bahnen zu lenken, sondern wurden mitunter auch empfindlich in der angestrebten Ruhe gestört. Daran änderte die Unterbringung in gesonderten Gästehäusern oft nur wenig, denn statt Rücksicht auf die Gepflogenheiten ihrer Unterkunft zu nehmen, redeten und lachten etliche Pilger bis in die Nacht hinein. Von ihrem unablässigen Strom sollen manche Ordensbrüder so frustriert gewesen sein, dass sie „ihre" Heiligen baten, doch bitte keine Wunder mehr zu bewirken, da-

*Stiller Weg rund um die Pfarrkirche Perneg*

mit an ihren Gräbern endlich wieder Ruhe einkehre.

Doch die Motivation auf der anderen Seite erwies sich als stärker. Wallfahren war eine beliebte Form der Askese mit symbolträchtigen Zügen, ahmte jeder Pilger doch den Zug des Gottesvolks in das Gelobte Land nach. Außerdem konnte man so für Sünden büßen, Gelübde erfüllen oder Heilung suchen. Und nicht zuletzt sollte das Pilgern als frühe Form des Tourismus sowohl die Neugier auf fremde Länder als auch die Abenteuerlust stillen. In diesem Fall endete die Wallfahrt nicht selten statt im Kloster auf dem Jahrmarkt.

## Ich bin dann mal weg: Sinnsuche in der Moderne

Auf den traditionellen Pilgerrouten wie dem österreichischen Jakobsweg und der Via Sacra suchen auch die modernen Menschen die Vergebung von Sünden und die Heilung von Körper und Seele, wollen Gott oder sich selbst begegnen. Andere wollen einfach einmal abschalten, wieder einen Sinn in ihrem Dasein finden oder werden von sportlichem Ehrgeiz getrieben: Mit der ambitionierten Bewegungskur soll dem mittlerweile in Funktionskleidung statt in die *pélerinage* gehüllten, vom vielen Sitzen träge gewordenen Leib und der vom zivilisatorischen Stress geplagten Seele gleichermaßen geholfen werden.

Nach dem mittelalterlichen Boom war das Pilgern unter dem Einfluss Martin Luthers stark zurückgegangen. Erst seit einigen Jahrzehnten ist es nach dem Vorbild Prominenter wie Hape Kerkeling, der seine Erlebnisse auf dem spanischen Jakobsweg unter dem Titel *Ich bin dann mal weg* zum Bestseller machte, wie-

*Unterwegs am Jakobsweg*

der in Mode gekommen. Das spanische Santiago de Compostela ist das unangefochten populärste Pilgerziel in Europa, das 1993 von rund 100.000 Wanderern erreicht wurde. 20 Jahre später wurden mit 180.000 schon fast doppelt so viele klassische Pilger gezählt.

Zu den beliebtesten Wallfahrtsorten in Österreich gehört seit dem 14. Jahrhundert das obersteirische Mariazell. Etliche Routen führen zu der Basilika, die anstelle der namensgebenden Holzzelle über der Marienstatue errichtet wurde. So folgen beispielsweise Pilger aus Wien bereits seit 800 Jahren der Via Sacra, auf deren Route die Stifte Heiligenkreuz und Lilienfeld (➤ Tour 4, 7) nach Voranmeldung Herberge bieten. In Perchtoldsdorf beginnt der 120 Kilometer lange Wiener Wallfahrerweg, auch Mariazeller Weg genannt; weitere Mariazellerwege starten im Waldviertel, in Eisenstadt, Salzburg,

Linz, Klagenfurt und Eibiswald. Dazu kommen der Mariazeller Gründungsweg von St. Lambrecht und der Internationale Marienpilgerweg von Częstochowa (Polen, dt. Tschenstochau) – Auswahl gibt es also genug, zumal es ja noch viele weitere Wallfahrerziele wie etwa die Basilika am Sonntagberg (➤ Tour 15) gibt.

Beliebte Stationen für Pilger und Wallfahrer sind nach wie vor die Klöster. So verbindet beispielsweise ein 44 Kilometer langer Abschnitt des österreichischen Jakobswegs die Stifte Göttweig und Melk (➤ Tour 8, 11), wobei die erste Etappe in einem sechsstündigen Fußmarsch zum Kloster Maria Langegg führt. Jedem selbst bleibt überlassen, ob er sich dabei von den Textpassagen des brasilianischen Bestsellerautors Paolo Coelho inspirieren lässt, die auf Säulen entlang des Wegs zitiert werden.

13

*Der heilige Benedikt von Nursia; barocke Pracht in der Stiftskirche von Melk;*
*Stift Klosterneuburg*

# Vom Einsiedler zum Konvent: Kurze Klostergeschichte

## Benedikts Diktum: Antike Wurzeln

Heute versteht man unter Klöstern Gemeinschaften von Nonnen, Mönchen, Chorfrauen und Chorherren, dabei gehen sie ursprünglich auf Eremiten (gr. *éremos,* dt. Wüste, unbewohnt) zurück, also auf Menschen, die das Alleinsein suchten. Indem sie familiäre Bindungen kappten bzw. gar nicht erst eingingen, setzen sie die Forderungen Christi wenige Jahrhunderte nach seinem Tod konsequent um: „Wer Vater und Mutter mehr liebt als mich, ist meiner nicht wert; und wer Sohn oder Tochter mehr liebt als mich, ist meiner nicht wert; und wer nicht sein Kreuz nimmt und mir nachfolgt, ist meiner nicht wert", heißt es im Matthäusevangelium (Mt 10,37). Erster historisch überlieferter Eremit des Christentums war Antonius, der um die Wende vom 3. zum 4. Jahrhundert in der ägyptischen Wüste lebte. Weil andere dem Vorbild des *monachós* (gr.; dt. der Alleinlebende) folgten, bildeten sich ganze Kolonien von Einsiedlern. 320 umgab Pachomius (ca. 292–347) in Tabennissi am Nil die Zellen einiger Eremiten mit einer Mauer und stellte damit einen abgeschlossenen Raum (lat. *claustrum,* dt. Kloster) her. Der Mönch lebte fortan zwar nicht mehr allein, hatte aber durch die Arbeitsteilung in der Gemeinschaft mehr Zeit für den Gottesdienst, profitierte vom Zusammenhalt der Gruppe und konnte zugleich der Nächstenliebe, einem anderem Gebot Christi, Folge leisten.

Um in den Klöstern die Zeiten für Gebet und Arbeit zu organisieren, wurden Regeln formuliert, die zum Teil noch heute gelten. So prägte die Regel des Benedikt von Nursia, der 529 in Montecassino den Prototyp des abendländischen Klosters gründete, über viele Jahrhunderte die Entwicklung der Klöster. Das auf der Benediktsregel fußende benediktinische Mönchtum ist bis heute die prägende monastische Richtung der abendländischen Christenheit. Daraus und daneben entwickelten sich zahlreiche andere Orden, wie etwa die Zisterzienser oder die Hospital- und Bettelorden (Franziskaner, Dominikaner, Karmeliten, Augustiner), aber auch Frauenorden wie die Benediktinerinnen, Franziskanerinnen, Dominikanerinnen und Karmelitinnen. Der Überlieferung nach gehen die benediktinischen Frauenklöster zurück auf die hl. Scholastika (480–543), die Zwillingsschwester Benedikts von Nursia. Wegweisend für die Entwicklung der Frauenklöster war ein ebenfalls im 6. Jahrhundert entwickeltes Konzept des

15

## Bauliche Anlage von Klöstern

Unabhängig von der Ordensgemeinschaft etablierten sich bis zum Mittelalter typische, größtenteils bereits in
der Regel des hl. Benedikt festgeleg-
te Klostergebäude. Im Zentrum stand
die Kirche, wobei Apsis und Hauptaltar
meistens nach Osten ausgerichtet waren, sodass die Gläubigen der aufge-
henden Sonne entgegenblickten. Um
die Kirche herum wurden jene Gebäude
angeordnet, die den Bereich der Klausur (lat. *claudere,* dt. schließen) bildeten. Der zumeist überdachte und nach
den dort abgehaltenen Kreuzprozessi-
onen benannte Kreuzgang schloss mit
einem Flügel an das Langhaus der Kirche an. Für die Mönche und Nonnen
war der Kreuzgang Ort des Gesprächs,
des Gebets und der Meditation.

Im Kapitelsaal mit der rundumlaufen-
den Bank versammelte sich der Konvent, um Mönche ins Kloster aufzuneh-
men, Verstöße gegen die Ordensregeln
zu besprechen, Streitfälle zu schlichten und den Abt zu wählen. Dort wurde
auch der Toten gedacht, wobei Gründer oder Förderer des Klosters nicht
selten im Kapitelsaal bestattet wurden.
Ihre Tonsur (lat. *tondere,* dt. scheren)
erhielten die Mönche meist im Brunnenhaus. Da es sich gegenüber dem
Eingang zum Refektorium, dem Speisesaal, befand, ermöglichte es auch
die Reinigung vor den Mahlzeiten. Im
Dormitorium schliefen die Mönche,
in der Schreibstube arbeiteten sie als
Schreiber, Kopisten und Illuminatoren.
Die Bibliothek war im Mittelalter meist
nur ein kleiner Raum, dafür war v. a. im
Winter das Calefactorium wichtig, das

als einziger Raum über eine Unterbo-
denheizung mit warmer Luft versorgt
werden konnte. Küche, Latrinen und
Wäschekammer vervollständigten den
Bereich der Klausur.
Außerhalb lagen Werkstätten, Vorrats-
räume, Ställe, das Novizenhaus, Un-
terkünfte für Bedienstete und Gäste
sowie die Gärten. Letztere sicherten
nicht nur die Versorgung der Nonnen
und Mönche mit Obst, Gemüse und
Heilkräutern, sondern sollten sie auch
lehren, über die Vergänglichkeit des
Schönen und Guten nachzudenken.

Bischofs Caesarius und seiner Schwester Caesaria, das bereits die Idee eines abgeschlossenen Klosters, die Amtsfigur einer Äbtissin und die Idee eines von Lesen, Beten und Arbeiten bestimmten Lebens enthielt.

## Muchs Bilderrätsel: Barocke Pracht

Mit dem Mittelalter, in dem die Klöster große Bedeutung als Zentren des Wissens und der Bildung erlangt hatten, endete auch ihre erste Blüte. Bei kriegerischen Auseinandersetzungen wie den Türkenbelagerungen 1529 und 1683 wurden sie geplündert, verwüstet und ihrer ökonomischen Grundlagen beraubt. Die Disziplin innerhalb der Klostermauern hatte ebenfalls gelitten: Bei ihren Besuchen trafen landesfürstliche Kommissionen verheiratete oder in wilder Ehe lebende Mönche und Nonnen mit Kind und Kegel an.

Im Herrschergebiet der Habsburger konnte der finanzielle und moralische Niedergang der Klöster allerdings gestoppt und sogar umgekehrt werden: Die Landesfürsten, die sich als Schutzherren der katholischen Kirche sahen, organisierten das Klosterleben nach den Vorgaben des Konzils von Trient neu. Dabei handelten sie nicht nur aus Gottesfurcht, denn Stifte mit großem Grundbesitz hatten großes politisches Gewicht, das es zu nutzen galt. Welche gigantischen Ausmaße der damalige Bauboom annahm, ist v. a. an Stift Melk

(➤ Tour 11) zu sehen. Die Kaisertrakte dienten dabei nur vordergründig als Quartier für den Kaiserhof auf Reisen: Mit ihrer prachtvollen Ausstattung nach einem ideologischen Programm sollten sie in erster Linie die Habsburgerdynastie verherrlichen.

Dank der ehrgeizigen Neugestaltungen konnten einige Baumeister und Maler des Barock wie Jakob Prandtauer (1660–1726), sein Neffe Joseph Munggenast (1680–1741), Bartolomeo Altomonte (1694–1783), Daniel Gran (1694–1757) und Paul Troger (1698–1762) ihre Auftragsbücher füllen. Besonders engagiert betrieb ein Abt im Waldviertel den Umbau des mittelalterlichen Klosters in einen barocken Repräsentationsbau, der typisch und untypisch zugleich ist: In den Bilderrätseln, die Placidus Much (1685–1756) für Stift Altenburg (➤ Tour 13) in Auftrag gab, zeigt sich der Versuch, Denkmodelle der Aufklärung aufzugreifen und zu untersuchen, wie sich Glaube und Wissenschaft zueinander verhalten. Dass die barocken Umbaupläne mitunter allzu ambitioniert waren, ist an unvollendeten Klöstern wie Göttweig und Klosterneuburg (➤ Tour 8, 1) zu sehen.

## Josephs Reformen: Radikales Ende

Im Jahr 1770 gab es auf österreichisch-ungarischem Boden rund 2200 Klöster mit etwa 45.000 Mönchen und Nonnen. Zu viele, befand Maria Theresias Sohn Joseph II. (1741–1790), dessen Reformen die zweite Blütezeit der österreichischen Klöster beendeten. Im Geist der Aufklärung unterschied der Kaiser streng zwischen „nützlichen" Orden, die sich der Krankenpflege, dem Unterricht

17

*Links: Brunnenhaus in Stift Lilienfeld;*
*Bibliothek in Stift Herzogenburg*

oder der Pfarrseelsorge widmeten und damit dem Staat dienten, und „unnützen", also rein kontemplativen Orden. Deren Klöster begann Joseph II. mit seinem Erlass vom 12. Jänner 1782 aufzuheben, wobei zunächst v. a. Frauenklöster betroffen waren, da Nonnen von den meisten Orden zu einem Leben in strenger Klausur verpflichtet wurden. Ebenfalls bereits 1782 aufgelöst wurden die drei niederösterreichischen Kartäuserklöster Mauerbach, Aggsbach (➤ Tour 2, 10) und Gaming.

Ein Jahr später begann der Klostersturm, bei dem bis 1787 zwischen 700 und 800 Klöster geschlossen und ihre Gebäude in Spitäler, Armenhäuser, Kasernen und Fabriken umgewandelt wurden. Aus dem Verkauf und der Versteigerung ihrer Güter finanzierte Joseph II. quasi im Gegenzug den Religionsfonds, mit dem u. a. rund 3000 Pfarren zusätzlich gegründet wurden. Eine für 1791 geplante dritte Aufhebungswelle, die über weitere 450 Klöster geschwappt wäre, blieb jedoch aus, weil der Kaiser vorher starb.

## Kartause Gaming

Bereits bei ihrer Gründung 1330 durch Herzog Albrecht II. (1298–1358) mit 24 statt der üblichen zwölf Mönche groß angelegt, entwickelte sich Marienthron, so der eigentliche Name der Kartause Gaming, im 15. Jahrhundert so gut, dass es sogar größer als das Stammhaus im französischen Chartreuse war. Als im Jänner 1782 die Aufhebungskommission in Gaming eintraf, wurden die Mönche, die über Jahre hinweg ein Eremitenleben geführt hatten, in eine ihnen fremde Welt entlassen. Die meisten Bediensteten wurden zu obdachlosen Bettlern; Wirtschaftsgebäude und Vieh wurden versteigert; das Kloster selbst verfiel innerhalb weniger Jahre.

Von einem der größten Kartäuserklöster Europas zur „Kartausenbetriebs-GmbH & Co. Nfg. KG": Die Kartause Gaming in der noch heute abgelegenen Region Eisenwurzen zeigt beispielhaft, welche Folgen die Aufhebung der Klöster durch Joseph II. hatte.

Zu den späteren Besitzern des Anwesens gehörte Stift Melk (➤ Tour 11), das die Gebäude 1983 an einen Architekten verkaufte. Nach der Renovierung wird die Kartause u. a. als Hotel, Restaurant und Brauerei genutzt. Kirche, Barockbibliothek und Prälatensaal können von Mai bis Oktober bei Führungen besichtigt werden.

## Klöster heute: Traditionell leben, modern wirtschaften

In unserer schnelllebigen Gegenwart gehören Klöster zu den wenigen Orten, an denen Zeit noch spürbar wird: Wie Inseln liegen sie scheinbar unverändert im Strom der Jahrhunderte. Bei näherem Hinsehen zeigen sich jedoch überall die Spuren einer langen Geschichte voller Widersprüche. Gerade der Gegensatz zwischen Schlichtheit und Prunk, geforderter Askese und barocker Verschwendungssucht macht viele Stifte zum reizvollen Ziel für Besucherinnen und Besucher.

Als Ort zum Leben werden sie dagegen nur noch von wenigen gewählt: Rund 4200 Ordensfrauen und 1950 Ordensmänner leben in den etwa 830 verbliebenen österreichischen Klöstern. Besonders die Zahl der Nonnen sinkt stetig, wobei sie im sozialen Leben nach wie vor eine wichtige Rolle spielen: Allein 25 Spitäler und rund 220 Schulen sind in der Trägerschaft von Frauenorden. Ebenso wie die Ordensmänner mussten sie sich von jeher auch ökonomischen Fragen stellen, auf die in der Vergangenheit v. a. die Zisterzienser überzeugende Antworten fanden: Die Mönche in Heiligenkreuz, Lilienfeld und Zwettl (➤ Tour 4, 7, 14) gehörten zu den besten Handwerkern, Land- und Forstwirten des späten Mittelalters. Der erwirtschaftete Reichtum geriet dabei allerdings zunehmend in Widerspruch zum Armutsideal.

Da sie weder Geld aus der Kirchensteuer noch vom Vatikan erhalten, müssen Stifte nach wie vor autarke Wirtschaftsbetriebe sein. Die meisten beziehen

*Kartause Mauerbach*

ihre Einnahmen aus großem Grundbesitz, aus Wäldern (Forst und Jagd), Feldern, Weinbergen und Fischteichen. Dazu kommen Tourismus und kulturelle Veranstaltungen sowie Tätigkeiten der Ordensleute außerhalb der Klöster, z. B. in Pfarren und an Universitäten. Stiftsgymnasien gibt es in Melk und Seitenstetten (➤ Tour 11, 15), während in Heiligenkreuz seit 1802 an einer Hochschule gelehrt wird. Je nach Kloster sind die Einkünfte unterschiedlich verteilt: Während beispielsweise in Melk die ursprünglichen Einnahmen aus Land- und Forstwirtschaft stark zurückgingen und mittlerweile vorwiegend der Tourismus und etliche Liegenschaften in Wien den Erhalt des Stifts sichern, stehen in Stift Lilienfeld weiterhin traditionelle Geschäftsfelder wie Forst, Jagd, Fischerei und Almbetrieb an vorderster Stelle.

19

*Hofgarten von Stift Seitenstetten; Stiftskirche im Stift Zwettl;*
*Kreuzweg bei Stift Heiligenkreuz*

# „Wirtschaft ist wichtig, aber wichtiger ist der Gottesbezug"

**Columban Luser,** 1955 im niederösterreichischen Seitzersdorf-Wolfpassing gebo-ren, ist seit 2009 Abt von Stift Göttweig. Zwei Einrichtungen liegen ihm besonders am Herzen: das Jugend- und das Exerzitienhaus, ein Gästehaus mit ausdrücklich spiritueller Ausrichtung. Der Abt leitet dort Wanderexerzitien und führt die Teilneh-mer dabei in die schöne Umgebung des Stifts.

*Wie sind Sie selbst zum Wandern ge-kommen?*
Ich stamme ja aus der Nähe von Wien und bin damit ein Flachländer. Als Zwölf-jähriger bin ich durch einen Priester, der uns zu einer Wanderung über den Rau-hen Kamm des Ötschers eingeladen hat, zum Berg gekommen. Seit meinem 16. Lebensjahr gehe ich jedes Jahr mindes-tens einmal auf eine dreitägige Wallfahrt nach Mariazell, und wenn man drei Tage in der Natur unterwegs ist, lernt man das Wandern zu lieben. Auch auf dem Jakobsweg bin ich häufig unterwegs, durch Österreich und Deutschland, aber auch schon mehrmals in Spanien. Es ist ein Ausklinken aus der Zivilisation in ei-nen nicht terminbesetzten Alltag.

*Warum bieten Sie Wanderexerzitien an?*
Für mich ist die Natur nicht einfach nur schön, sondern auch eine permanen-te Einladung zur Begegnung mit Gott. In die Natur zu gehen heißt, sich in der Schöpfung Gottes zu bewegen. Ich habe eine riesige Freude an den schönen Blu-men, die ich unterwegs sehe, an den Tieren, die ich wahrnehme, an den Vö-geln, die ich höre. Das kann ich aber nur, wenn ich aufmerksam unterwegs bin. Daher habe ich kein Verständnis, wenn jemand mit Ohrstöpseln in der Na-tur unterwegs ist. Beim Wandern lüfte ich nicht nur meinen Kopf aus und kom-me weg vom Alltag am Schreibtisch mit Handy und Laptop, sondern kann auf-atmen und sammle Kräfte für das, was meine tägliche Herausforderung ist.

*Welches Ziel verfolgen Sie mit den Wan-derexerzitien?*
Wanderexerzitien sollen Menschen in Bewegung bringen. Wenn wir zu einer Tagestour aufbrechen, haben wir ein konkretes Ziel, so wie es ja überhaupt für jedes Leben wichtig ist, zielgerich-tet unterwegs zu sein. Ein Tourismus-manager hat mir einmal ein schönes Wort mitgegeben, das mich nachhal-tig prägt: „Wer den Hafen nicht kennt,

*Kirche und Exerzitienhaus*

*Abt Columban Luser*

für den ist kein Wind günstig." Bei den Wanderexerzitien gibt es immer Zeiten des Schweigens, in denen über spirituelle Impulse nachgedacht werden kann, die ich zuvor gegeben habe. Dafür sind der Raum der Stille und der Raum der Natur extrem hilfreich.

Wanderexerzitien sind kein sportliches Ereignis, in denen man testet, wie viel man noch drauf hat, sondern man setzt sich bei ihnen einem dreifachen Wort aus: dem Wort der Heiligen Schrift, dem Wort, das uns in der Schöpfung mitgegeben wird, und dem Wort des Mitmenschen, der mit mir unterwegs ist. Bei den Teilnehmern wird ein Prozess des inneren Wachsens sichtbar. Das eigentliche Anliegen der Wanderexerzitien ist das innerliche Neu-Werden.

*Als Abt haben Sie noch viele andere Aufgaben, denen Sie gerecht werden*

müssen. Was ist Ihnen am wichtigsten? Die primäre Aufgabe kann nicht darin bestehen, den Tag mit äußeren Aktivitäten und gesellschaftlichen Verpflichtungen auszufüllen, obwohl wir als Stift natürlich mitten im gesellschaftlichen Leben stehen. Wir sind ein großer Wirtschaftsbetrieb mit 120 Mitarbeitern, Kulturort ersten Ranges und spirituelles Zentrum in der Region. Und ich bin ja nicht nur Abt, sondern auch Pfarrer, habe also noch eine zusätzliche Verantwortung und muss dann entscheiden, was jeweils Vorrang hat.

Primär bin ich Mönch und dann erst alles andere. Der Propst eines Nachbarstiftes hat das einmal sehr schön formuliert: Wir leben von der Unterbrechung der Tages. Termine und Besprechungen enden spätestens dann, wenn wir Gebet haben. Um zwölf Uhr mittags gibt es nichts anderes als das Gebet. Da wird einmal in

*Blick vom Kirchendach*

die Speichen gegriffen und damit allen klar gesagt: Wirtschaft ist wichtig, aber wichtiger ist der Gottesbezug. Führungen und Tourismus sind wichtig, aber noch wichtiger ist, dass wir unsere Verbindung mit Gott nicht vergessen.

Unseren Zeitgenossen mit dicken Terminkalendern, die immer erreichbar sein wollen, gebe ich weiter: Wenn Sie nicht selber ihr Leben gestalten, dann gestaltet es Sie. Auch wir Mönche sind eingespannt in den Alltag, versuchen aber, eine gute Work-Life-Balance herzustellen. Der heilige Benedikt schreibt, dass dem Gottesdienst nichts vorgezogen werden darf. Dann bekommt mein Tag eine Struktur, die mich trägt.

*Haben Sie schon einmal darüber nachgedacht, wie es gewesen wäre, vor 100, 300 oder 500 Jahren Abt in Göttweig zu sein?*

Nein, überhaupt nicht, weil wir im Jetzt leben und in Ausrichtung auf morgen. Wobei die Vergangenheit auch prägt. Gerade in der jüngeren Vergangenheit vom Krieg bis jetzt haben unsere Äbte ganz andere Herausforderungen zu bewältigen gehabt als ich. Zum Beispiel unser Abt Wilhelm Zdenek, der 1949 ein völlig desolates Haus übernommen hat, das wirtschaftlich und personell am Ende war. Man kann nur vergleichen, wie in früheren Zeiten versucht wurde, die Regel des heiligen Benedikt umzusetzen. Wie wurde hier spirituelles, monastisches Leben im Kontext der jeweiligen Zeit gelebt, also zum Beispiel während der Türkenkriege oder als Napoleon im Land war oder als wir von den Nationalsozialisten noch vor dem Zweiten Weltkrieg enteignet wurden und alle Mönche ins Exil gehen mussten?

23

*Wie sieht es mit Bedrohungen von innen aus?*
Natürlich hat es auch innere Auseinandersetzungen gegeben. Zur Zeit der Reformation war für kurze Zeit kein Mönch mehr hier. Das Stift ist damals nur durch Hilfe von außen wieder zum Leben erweckt worden, und zwar durch unseren damaligen Abt Michael Herrlich, der als Mönch von Melk gekommen ist. Während des Nationalsozialismus hat es den einen oder anderen Mönch gegeben, der im Herzen ein Nationalsozialist war. Jetzt sind der große Zug der Säkularisierung und die relativistische Strömung Herausforderungen, auf die wir als Gemeinschaft aufmerksam reagieren und uns fragen müssen, wohin sich der Einzelne entwickelt. Es ist meine primäre Aufgabe als Abt, dafür zu sorgen, dass jeder einzelne Mönch noch auf dem Fundament der Kirche steht.

*Sind die Anforderungen an Mönche gestiegen?*
Schon, sowohl was die Tätigkeit nach außen betrifft als auch nach innen. Der heilige Benedikt ist ja streng in seiner Regel: Man solle denjenigen, der kommt, mit allem Harten konfrontieren, das auf ihn zukommen wird, und ihn prüfen, ob er wahrhaft Gott sucht. Es gibt ja auch andere Motive, ins Kloster zu gehen. Während der Völkerwanderung zum Beispiel suchten viele das Dach über dem Kopf und den vollen Napf. Das kann nicht halten bei einer Gemeinschaft. Wenn die Motive nicht rein sind, dann kann sich so eine Berufung nicht wirklich entfalten. So jemand wird zum Störfaktor in einer Gemeinschaft. In der Hinsicht legen wir höhere Maßstäbe an als früher, wo man froh war, dass überhaupt jemand kommt.

*Werden künftig zwar mehr Menschen als Angestellte für die Klöster arbeiten, aber immer weniger als Mönche?*
Was die Benediktiner betrifft, ist die Entwicklung gesamteuropäisch und in den Ländern der Dritten Welt schon besorgniserregend, denn die Berufungen fließen nicht mehr so, wie sie sollten. Mir fällt allerdings auf, dass es sehr unterschiedlich in den einzelnen Klöstern ist, ohne recht erklären zu können, weshalb manche Klöster keinen und andere viel Nachwuchs haben. Mein Vorgänger, der über 37 Jahre lang Abt war, hat über 90 Einkleidungen vorgenommen, das ist extrem viel. Jetzt hatten wir schon mehrere Jahre lang keine Novizen mehr. Letztlich wird es ein Geheimnis der Berufung bleiben.

*Haben Sie Angst, dass der Nachwuchs ganz ausbleibt?*
Diese Frage tangiert mich nur peripher. Wir haben 900 Jahre Geschichte hinter uns. Wenn Gott will, dass unsere Gemeinschaft weiterhin existiert, wird er uns die Mönche zuführen, die wir brauchen. Natürlich muss man so ein Defizit auch als Anfrage an unser Leben verstehen, ob wir vielleicht zu wenig attraktiv oder zu weltlich geworden sind, sodass niemand das wirkliche Anliegen unserer Gemeinschaft erkennt und deshalb nicht kommt. Aber grundsätzlich bin ich trotz der momentanen Flaute eher optimistisch, was unseren Konvent angeht.

*Wirtschaftsbetrieb, Kulturstätte, Tourismusdestination – das sind ja tatsächlich sehr weltliche Dinge ...*

*Stift Göttweig vom Weingarten aus gesehen*

Natürlich könnte eine Gemeinschaft völlig in rein materiellen Zielen aufgehen und darüber vergessen, wofür wir eigentlich da sind. Der heilige Benedikt schreibt aber in seiner Regel, dass der Abt darauf achten solle, nicht mehr Zeit auf die materiellen Sorgen zu verwenden als auf das andere. Es ist auch meine Aufgabe als Abt, unseren eigentlichen Auftrag in den Herzen meiner Mitbrüder lebendig zu halten und das Kloster klar als Ort der Gottsuche zu positionieren.

*Schauen Sie auch auf das Angebot anderer Stifte?*
Nur in puncto Jugendhaus, weil wir in unserer Diözese drei Jugendhäuser haben, deren Angebot aufeinander abgestimmt wird. Was den Tourismus angeht, hat er vor 20 Jahren noch einen Dornröschenschlaf in Stift Göttweig ge-

führt. Die Initiative, ihn moderner zu gestalten, hat dann eine gewisse Eigendynamik bekommen. Wenn der Tourismus ein Standbein sein soll, müssen wir auf Erwartungen zum Beispiel von Busunternehmen reagieren. Wir wollen aber hier in Stift Göttweig keinen lauten Tourismus. Der Schiffstourismus ist so ein stiller Tourismus, der steuer- und abschätzbar ist und mit klaren wirtschaftlichen Konnotationen verbunden ist. Wir wollen kein zweites Melk sein, das würde unseren Rahmen sprengen. Der heilige Benedikt sieht die Touristen ja als Gäste im Kloster, und diese Wertschätzung wollen wir signalisieren, indem wir die Besucher herzlich empfangen, begleiten und hoffentlich auch spirituell erreichen. Wer auf einen Kaffee nach Göttweig hinaufkommt, soll mit unserer Botschaft nach Hause fahren.

# 1 Baustelle mit Schatzkammer

# Von Heiligenstadt über den Leopoldsberg zum Stift Klosterneuburg

Nach dem steirischen Benediktinerstift Admont ist Stift Klosterneuburg bei Wien der größte Grundbesitzer mit göttlichem Auftrag in Österreich. Auf dem Weg von Heiligenstadt über Nuß- und Kahlenbergerdorf nach Klosterneuburg werden etliche seiner Besitztümer durchschritten und erklommen: Durch Gärten des klostereigenen Weinguts führt der Weg zur Burg und zur Kirche auf dem Leopoldsberg, wo die Gründungslegende mit einer Hochzeit ihren Ausgang nimmt. Dem fortgewehten Schleier der Braut folgt die Route hinunter zum Stift, dessen Prunkfassade seine Vergangenheit als geplante kaiserliche Sommerresidenz verrät.

## Versailles auf Wienerisch

Wie ein Gegenmodell zum elitären Stift Klosterneuburg, dem Ziel der Wanderung, liegt der **Karl-Marx-Hof** an ihrem Beginn: Mit knapp 1300 Wohnungen ist der gigantische Gemeindebau aus der Zwischenkriegszeit entlang der Heiligenstädter Straße fast vier Straßenbahnstationen lang. Seine trutzigen Mauern und bogenförmigen Durchfahrten ähneln einer mittelalterlichen Wehrburg. Tatsächlich verschanzten sich hier aufständische Arbeiter und der Republikanische Schutzbund während der Februarkämpfe 1934. Erst nach Artilleriebeschuss durch das Bundesheer und die Heimwehr gaben sie auf. An der Halteraugasse, mitten in einem der von den rötlichen Mauern umstellten Höfe, steht das ehemalige Brausebad und Wasserdepot. Heute macht dort das

**Museum Waschsalon** mit Geschichte, Programm und Persönlichkeiten des „Roten Wien" vertraut.

Ebenfalls vom Roten Wien, und zwar von den Kinderfreunden, wird im Häusermeer der Großstadt eine Insel der Wildnis kultiviert: Wiener Eltern buchen den **Robinson-Spielplatz** in der Greinergasse außerhalb der Öffnungszeiten gerne für Geburtstagsfeiern. Schon recht (nuß)dörflich wirkt dagegen die nur wenige Meter nördlich stehende Pfarrkirche. Dem malerisch in die Häuser eingebetteten Kirchlein ist nicht anzusehen, dass die Geschicke der Gemeinde stets vom großen Stift Klosterneuburg gelenkt wurden. Zur Stiftspfarre Nußdorf gehört die dem Stiftsgründer geweihte Kirche auf dem Leopoldsberg, die etwa auf halbem Weg zwischen Nußdorf und Klosterneuburg steht. Auch die **Pfarren St. Georg** im Kahlenbergerdorf und

27

St. Leopold in Klosterneuburg, an deren Kirchen man noch vorbeikommt, sind Mitglieder im Bund der im Bund der 28 Stiftspfarren, von denen je zwei in den USA und in Norwegen liegen.

Die Winzerhäuser von Nußdorf und die zahlreichen ehemaligen Freihöfe stimmen auf ein weiteres Betätigungsfeld nicht nur von Stift Klosterneuburg ein: Das Gebäude in der Greinergasse 27 war ab 1797 ein Freihof von Stift Zwettl (➤ Tour 14), der Winzerhof in der Greinergasse 37 gehörte ab 1745 Stift Kremsmünster, und Stift Altenburg (➤ Tour 13) besaß das Eckhaus Hackhofergasse 14/ Freihofgasse 1. Bevor man die Stadt gegen die Weinberge eintauscht, liegt noch ein hübsches Haus am Weg, das mit seiner zweifarbigen Fassade fast ein wenig an den Karl-Marx-Hof erinnert. Ein

Versailles der Arbeiter war das Léhar-Schikaneder-Schlössl in der Hackhofergasse 18 allerdings nie, eher eines der Künstler: Emanuel Schikaneder (1751–1812), Librettist von Mozarts *Zauberflöte,* Sänger, Schauspieler und Theaterdirektor, war hier zu Hause, bevor er das Barockschlössl 1811 verkaufen musste. Rund 120 Jahre später erwarb es Franz Léhar (1870–1948), der hier u. a. die Ouvertüre zu seiner Operette *Die lustige Witwe* schrieb.

## Berauschende Aussicht

Auf dem Weg durch die Weinberge ist schon allein die Aussicht berauschend. Während im Süden die Metropole Wien und im Osten das Marchfeld ihre Teppiche auslegen, schlagen im Norden und

## Die Klöster und der Wein

Alkohol oder Abstinenz? Wein nur für die Messfeiern oder auch zum Essen? War vom Wüstenheiligen Antonius noch überliefert worden, dass er keinen Tropfen angerührt habe, sah man es in vielen mittelalterlichen Klöstern locker. Zwar hatte Benedikt von Nursia bestimmt, dass „täglich eine Hemina Wein" für einen Mönch genüge. Doch welche Menge dieses Hohlmaß aus römischer Zeit eigentlich umfasst, soll auch im 9. Jahrhundert weitgehend unbekannt gewesen sein. Benedikt warnte zwar, dass nicht im Übermaß getrunken werden solle: „Denn der Wein bringt sogar die Weisen zu Fall." Doch andererseits überließ er es dem Ermessen der Oberen, ob ungünstige Ortsverhältnisse, Ar-

beit oder Sommerhitze nicht doch mehr erforderten. Oftmals umgeben von Weingärten in besten Lagen, gab es damit für die Ordensleute ausreichend Spielraum, im Lauf vieler Jahrhunderte zu erfahrenen Winzern zu werden und dabei Mengen zu produzieren, die selbst bei großzügigster Auslegung der Benediktsregel über den Eigenbedarf hinausgehen. Ob Burgunder vom Freigut Thallern, das seit 1141 von Stift Heiligenkreuz bewirtschaftet wird, Rosé Cistercien vom Weingut Schloss Gobelsberg, das Stift Zwettl gehört, oder Grüner Veltliner vom Weingut Stift Klosterneuburg: Das Geschäft mit dem Genuss ist längst akzeptierter und beliebter Teil der Klosterkultur.

*Blick vom Leopoldsberg auf Wien*

Westen die Wienerwaldhügel Wellen. Vor dem Anstieg auf den Leopoldsberg ist noch jenes Wellental zu durchqueren, an dessen tiefstem Punkt das **Kahlenbergerdorf** liegt. Tafeln am Wegrand informieren darüber, dass die Rieden Vorseherinnen-Zweringer und Altweingarten Stift Klosterneuburg gehören, das mit 108 Hektar Anbaufläche nicht nur eines der renommiertesten Weingüter Österreichs, sondern auch das älteste ist: Seine Gründung geht bereits auf Markgraf Leopold III. (1073–1136) zurück.

Die Legende von der Klostergründung ist längst widerlegt, wird aber trotzdem gern erzählt: Als der Babenberger Markgraf auf dem 425 Meter hohen **Leopoldsberg** seine Agnes (1072–1143) heiratete, wurde der Schleier der Braut weggeweht. Etliche Jahre später fand ihn Leopold III. höchstselbst in einem Busch – so schön und unversehrt wie am Tag der Hochzeit. Ein Fingerzeig Gottes, an eben dieser Stelle 1114 ein Kloster zu gründen.

Die passend weiß gefärbte Kirche scheint mit ihrer Position auf dem Gipfel des Leopoldsbergs eher Teil des Himmels als der Erde zu sein. Der luftige Anblick bedeutet allerdings auch steile 220 Höhenmeter. Vielleicht hätte man sich vor dem Anstieg doch bei einem der Kahlenbergerdorfer Heurigen stärken sollen. Glücklicherweise steht in fast jeder der zwölf Kehren des Nasenwegs, der 1936 zeitgleich mit der Höhenstraße eröffnet wurde, eine Bank. Eine gute Ausrede fürs Verschnaufen im Schatten des Flaumeichenwalds liefert der Blick auf die Weinberge, der von Aussichtspunkt zu Aussichtspunkt schöner wird, bis einem der Gipfel ganz Wien, den Wienerwald, die Donau und das Marchfeld zu Füßen

29

*Weinberg am Rand von Klosterneuburg*

sich der Wald beim Abstieg über den Kollersteig nach Klosterneuburg zu Lichtungen öffnet, offenbart das Stift wie durch ein Zoomobjektiv betrachtet zunehmend mehr Details. Dabei ist es nicht verkehrt, ab und zu auf den Weg zu schauen, um auf dem schmalen Pfad nicht ins Stolpern zu geraten und keine der Schlangen zu übersehen, die auf sonnigen Stellen Wärme tanken.

## Prunkzimmer ohne Bewohner

Auch das Kloster ruht keineswegs so unerschütterlich im Kokon seiner mehr als 900-jährigen Geschichte, wie es von oben den Anschein hat. Negative Ereignisse verzeichnet die Chronik etwa 1330 mit dem großen Stiftsbrand, 1568, als das 1133 mitgegründete Chorfrauenstift geschlossen wurde, 1529 und 1683, als die Augustiner-Chorherren vor den Osmanen nach Passau fliehen mussten, oder 1941, als die Nationalsozialisten das Stift aufhoben.

legt. Mit seinem Rundumblick entschädigt er dafür, dass Burg und Kirche nicht mehr zugänglich sind: Seitdem das Stift Klosterneuburg, das das Areal seit 1787 besitzt, es 2007 an einen Architekten verpachtet hat, ist die Renovierung des baufälligen Ensembles geplant. Im 12. Jahrhundert als hölzerne Festung errichtet, wurde die Anlage während der Ersten Wiener Türkenbelagerung 1529 zerstört und 1679 von Kaiser Leopold I. (1640–1705) durch eine Kapelle ersetzt, die er seinem Namensvetter widmete, dem zwischenzeitlich heiliggesprochenen Gründer von Stift Klosterneuburg. Um 1720 ließ Kaiser Karl VI. (1685–1740) die Kapelle zur Kirche ausbauen und durch ein Schloss ergänzen.
Wer die versperrte Anlage umrundet und Richtung Norden ins Donautal hinunterschaut, sieht den Palast der Besitzer von seiner prächtigsten Seite (➤ S. 26). Wo

Bevor man dieses erreicht, erzählt aber zunächst der Weinbauort ein paar Geschichten. In der Sachsengasse steht die 1938 geweihte Kirche jener Pfarre, die zu Leopolds 800. Todestag für die Bewohner des Sachsenviertels gegründet wurde. Die Historie der ehemaligen **Lesehöfe** österreichischer und bayrischer Stifte in der nach Leopolds Gattin benannten Agnesstraße reicht zurück bis ins 13. Jahrhundert. Am **Rathausplatz** unmittelbar vor dem Stiftsareal haben nicht nur das Rathaus, sondern auch viele andere Häuser einen mittelalterlichen Kern. Eine spannende Gegenposition nimmt das 1929/30 erbaute ehemalige Sparkassengebäude mit

*Blick auf die Stiftskirche*

*Prunkfassade Stift Klosterneuburg, Kuppel*

Theatersaal ein, das ans Rathaus anschließt und von der Stadtverwaltung genutzt wird. Das technisch veraltete Kino wurde 2013 geschlossen.

Vielfältig sind auch die Positionen, die das **Stift Klosterneuburg** im Lauf seiner Geschichte eingenommen hat, war es doch Zentrum der Geistlichkeit ebenso wie Herrscherresidenz und Hort der Wissenschaft. 1133 von Leopold III. und Agnes an die Augustiner-Chorherren übergeben, wurde es 1200 erneut zur Residenz eines Babenbergers: Unter Leopold VI. (1176–1230) erreichte die Gotik Österreich. Leider sind von der **Capella speciosa**, die ab 1198 als Pfalzkapelle über einer Kapelle aus der Zeit Leopolds III. errichtet wurde, nur noch Reste zu sehen: 1787 wurde sie säkularisiert, 1799 abgetragen und zum Teil für den Bau der Franzensburg in Laxenburg verwendet. Wie neu sehen dagegen die

barocken Parkettböden, Wandverkleidungen und Stuckdecken in den **Kaiser- und Erzherzogszimmern** von Stift Klosterneuburg aus. Zum einen gingen die Besatzungssoldaten nach dem Zweiten Weltkrieg vergleichsweise pfleglich mit den verschwenderisch ausgestatteten Zimmern um, zum anderen sind sie so gut wie nie bewohnt worden.

Die mit 270.000 Bänden größte **Stiftsbibliothek** Niederösterreichs darf nur betreten, wer ein wissenschaftliches Interesse nachweisen kann. Mitunter finden den wertvolle Bücher wie der vierteilige Antiphonar, ein Gesangbuch aus dem 15. Jahrhundert, dessen filigrane Illustrationen im Kontrast zum gewaltigen Umfang stehen, für eine Sonderausstellung den Weg ins **Stiftsmuseum.** Welcher Führung auch immer man sich anvertraut, ob durch **Marmorsaal** und **Kaiserzimmer,** ob durch das Museum oder

31

*Blick auf den Leopoldsberg*

*Hl. Leopold im Stiftsmuseum*

durch **Kirche** und **Kreuzgang** mit dem Verduner Altar, an der Gründungslegende des Stifts führt dabei ebenso wenig ein Weg vorbei wie am Jahr 1740, als Kaiser Karl VI. starb und mit ihm ein großer Teil seines Plans, aus dem Stift eine Residenz nach dem Vorbild der spanischen Schloss- und Klosteranlage El Escorial zu machen: Weil sich seine Tochter Maria Theresia nur für Schönbrunn interessierte, wurden in Klosterneuburg von neun geplanten Kuppeln nur zwei und von vier Höfen nur einer verwirklicht. Im Stift, das die Kosten für die umfangreichen Bauarbeiten hätte tragen müssen, nahm man das abflauende Interesse gelassen.

## Einzigartige barocke Baustelle

Als weltweit einzigartige barocke Baustelle seit 1740 unverändert erhalten blieb die **Sala terrena**, bis 2005 ein La-

ger, heute als imposantes Besucherzentrum genutzt. Die muskulösen Arme der riesigen Atlanten, die ringsherum über die Artikel im Museumsshop wachen, weisen an den Anschlussstellen zum Körper noch Nähte auf.

Auf ihre Wirkung bedacht sind auch die Exponate der **Schatzkammer**, die 2011 zugänglich gemacht wurde. Funkelnde Pracht in jeder Vitrine, vom Erzherzogshut, der mit Perlen, Rubinen, Smaragden und einem die Erdkugel symbolisierenden Saphir verziert ist, bis zur Schleiermonstranz, einem mit nicht weniger als 47 Brillanten besetzten Meisterwerk der europäischen Goldschmiedekunst aus dem beginnenden 18. Jahrhundert. Man wäre nicht in Stift Klosterneuburg, wenn sie nicht ebenfalls die Gründungslegende darstellen würde: An ihrem Fuß kniet Markgraf Leopold III., dem zwei Putten den silbernen

32

Schleier von Markgräfin Agnes präsentieren. Statt wie kolportiert auf dem Leopoldsberg hat das Paar dort gewohnt, wo heute das **Stiftsarchiv** residiert, im versteckten, aber umso reizvolleren **Leopoldihof**. Heiligenkraut, Beinwell und Buchsbäumchen wachsen vor der ursprünglichen Burg aus dem 12. Jahrhundert, die mit einem hübschen Erker aus dem 15. Jahrhundert verziert ist und 1860 erster Sitz der Klosterneuburger Weinbauschule war. Blühende Wappen des Landes Niederösterreich, des Stifts und des Propstes umringen den 1592 errichteten **Leopoldsbrunnen**. Vor der **Prälatur** und dem alten **Fürstentrakt** wachsen Blühstauden der Renaissance und historische Kübelpflanzen. Der angrenzende, noch besser versteckte **Feuerbrunnenhof**, dessen Namensgeber mit 35 Metern Tiefe das Niveau der Donau erreicht, erblüht im Stil der Spätrenaissance. Zwischen den Kletterrosen riecht es im Stift, das einem bislang wie ein Schloss erschienen ist, plötzlich doch noch nach Kloster. Wer durch die hölzernen Torbögen tritt, findet in den quadratischen Beeten Giftiges wie den Schwarzen Germer, der früher für Niespulver verwendet wurde, aber auch Essbares

*Feuerbrunnenhof*

wie die Gelbe Taglilie und den Purpurroten Sonnenhut.

Mit dem **Augustinussaal** liegt nicht nur das ehemalige, 1508 errichtete Refektorium, also der Speisesaal der Chorherren, ganz in der Nähe. Die Küche war einst ebenfalls hier untergebracht, weshalb der Leopoldihof auch „Kuchlhof" heißt. Heute wird der Hunger der Gäste von der Stiftsgastronomie sowie den zahlreichen umliegenden Cafés, Restaurants und Heurigen gestillt.

## Pilgern & entdecken

▸ **Pfarrkirche Nußdorf,** Greinergasse 25, & **Pfarrkirche Kahlenbergerdorf,** Wigandgasse 41, 1190 Wien
▸ **Burg & Kirche am Leopoldsberg**
▸ **Pfarrkirche St. Leopold,** Sachsengasse 2, 3400 Klosterneuburg, www.pfarre-stleopold.at
▸ **Stift Klosterneuburg,** 3400 Klosterneuburg, www.stift-klosterneuburg.at.

Geöffnet tägl. außer Weihnachten & Silvester zu saisonal unterschiedlichen Zeiten, individuelle Besichtigung verschiedener Ausstellungen & Thementouren durch das Stift; Mittagsgebet um 12 Uhr in der Stiftskirche; Veranstaltungen & Kurse (v. a. zum Thema Wein); Konzerte; Orchideenausstellung & Gartentage im jährlichen Wechsel.

**Tour 1**

## Erleben & besichtigen

▶ **Karl-Marx-Hof mit Museum Waschsalon,** Halteraugasse 7, 1190 Wien, dasrotewien-waschsalon.at. Geöffnet Do. 13–18 Uhr, So. 12–16 Uhr.

▶ **Robinson-Spielplatz,** Greinergasse 7, 1190 Wien, www.wien.kinderfreunde.at.

Geöffnet April bis Oktober, Mi., Sa. & So. 14–18 Uhr.

▶ **Léhar-Schikaneder-Schlössl,** Hackhofergasse 18, 1190 Wien. Privat, Besichtigung auf tel. Anfrage.

## Einkehren & genießen

🍷 **Nussdorfer Café,** Greinergasse 44, 1190 Wien, www.nussdorfercafe.at

✗ **Heurige** in Kahlenbergerdorf & Klosterneuburg

🍷 **Stiftscafé,** Rathausplatz 20, **Café Escorial,** Sala terrena, &

**Stiftskeller,** Albrechtsbergergasse 1, 3400 Klosterneuburg, www.stift-klosterneuburg.at

✗ **Cafés & Gasthäuser** am Rathausplatz & am Niedermarkt in Klosterneuburg

## Hinkommen & gehen

**Länge:** 10,2 km
**Gehzeit:** ca. 3 h 30 min
**Anfahrt:** Regionalzug, S-Bahn oder U-Bahn bis Wien-Heiligenstadt Bhf.
**Rückfahrt:** S-Bahn ab Klosterneuburg-Kierling Bhf.
**Mit dem Auto:** Parken am Bhf. Wien-Heiligenstadt, von Klosterneuburg mit S-Bahn retour
**Route:** Bhf. Heiligenstadt Richtung Bushaltestellen auf der Westseite verlassen, rechts in die Boschstraße, links in die Halteraugasse, hinter dem Museum Wasch-

salon ❶ rechts durch den Karl-Marx-Hof ❷, hinter Haus Nr. 87 durch den Durchgang zur Heiligenstädter Straße und diese Richtung Grinzinger Straße queren, von der Grinzinger Straße rechts in die Greinergasse und vorbei am Robinson-Spielplatz ❸ und der Nußdorfer Pfarrkirche ❹ bis zum Nussdorfer Café (Haus Nr. 44). Gegenüber in die Hackhofergasse, hinter dem Léhar-Schikaneder-Schlössl ❺ links in die Eichelhofstraße und ihr bis zum Ende bei Haus Nr. 126 durch

die Weinberge folgen. Weiter auf dem grün markierten Kahlenbergerdorfer Weinrundwanderweg, der über einen Waldsteig hinunter zum Jungherrnsteig und weiter nach Kahlenbergerdorf führt. Beim Gedenkhaus für Franz Schubert links und unterhalb der Pfarrkirche **6** zum nördlichen Ortsausgang, wo der rot markierte Nasenweg auf den Leopoldsberg **7** führt. Nach der Umrundung von Kirche und Burg von der westlich gelegenen Bushaltestelle auf dem gelb markierten Kollersteig hinunter nach Klosterneuburg und vorbei an der Pfarrkirche St. Leopold **8** durch die Sachsengasse. Weidlinger Straße und Weidlingbach queren, durch Agnesstraße und Leopoldstraße zum Rathausplatz **9** und weiter zum Stift Klosterneuburg **10**. Nach der Besichtigung und einem Abstecher in den Leopoldihof und zum Fürstentrakt Stiftsanlage über die Stiege an der Nordseite Richtung Orangerie verlassen, durch die Hundskehle zum Niedermarkt, links zum Bhf. Klosterneuburg-Kierling.

35

# Über Rieglerhütte und Sophienalpe zur Kartause Mauerbach

In den Tiefen des Wienerwalds gründete Friedrich der Schöne (1289–1330) eine Kartause, die noch heute abseits der Welt am nördlichen Rand von Mauerbach liegt. Wer sich von Wien zu Fuß durch den zumeist menschenleeren Wald aufmacht, kommt ihrer einst vollkommen abgeschiedenen Lage am besten auf die Spur. Wo hohe Buchen eine natürliche Kathedrale bilden und grüne Mauern die Geräusche der Zivilisation dämmen, stimmt man sich Schritt für Schritt auf das Leben der Kartäusermönche ein.

## Alpenambiente in Stadtnähe

Kaum aus dem Bus gestiegen, bleibt der größte Teil des motorisierten Verkehrs hinter der Schranke zurück, die die Zufahrt zur Rieglerhütte reguliert. Eine Brücke über den **Halterbach** bringt Wanderer zu einem Weg oberhalb der Schotterstraße, der wie diese zur **Rieglerhütte** führt. Trotz Stadtnähe bietet sie das im Namen mitklingende Alpenambiente und ist wegen ihres Spielplatzes und des benachbarten Reitstalls besonders bei Familien beliebt. Bewirtschaftet wird sie von Familie Prilisauer, die seit rund 130 Jahren ein großes Gasthaus in Hütteldorf führt, das stromabwärts ebenfalls direkt am Halterbach liegt.

Ein Schotterweg führt von der Rieglerhütte direkt hinauf zum Gasthaus **Sophienalpe**, ebenfalls ein Ort mit Tradition, wie unschwer am Gebäude zu erkennen ist: Kaiser Franz Joseph hat hier einst einen ländlichen Sommersitz für seine Mutter, Erzherzogin Sophie, erbauen lassen. Ende des 19. Jahrhunderts wurden daraus ein Gasthof und eine Meierei, wo sich dank einer Bergbahn, der sog. „Knöpferlbahn", bald Offiziere, Adelige und Bürgerliche trafen. Nach einem Brand, der auch einen ursprünglich bei der Wiener Weltausstellung verwendeten Glaspavillon zerstörte, wurde der Gasthof 1912 wieder aufgebaut.

Schade, dass heute keine Bahn mehr hier hinauffährt. Doch weil wir trotz Hütten und Alpen nur im Wienerwald unterwegs sind, sind steile Anstiege meist kurz: Knapp 150 Höhenmeter sind wohl kein hinreichender Grund, die Sophienalpe als Hotel in Anspruch zu nehmen. Wer das Gasthaus ebenfalls verschmäht und ohne Pause über die Zufahrtsstraße und den Waldweg Rich-

37

*Wanderweg von der Sophienalpe Richtung Scheiblingstein*

tung **Scheiblingstein** weitergeht, muss den Abstieg ins **Steinbachtal** und den erneuten Anstieg am **Mauereck** ohne kulinarische Unterstützung von außen bewältigen.

## Gemeinsam einsam

Verspeisen lässt sich der mitgebrachte Proviant an einem Picknicktisch mit Blick auf den westlichen Teil der **Kartause Mauerbach** inklusive der Kirche und der ehemaligen, 1645 geweihten **Marienkapelle,** die nur von der Straße her zugänglich ist. Eine Tafel neben dem Tisch füttert den Geist mit Informationen über die faszinierende Bauform der Kartause, in der sich die strenge Lebensweise der Mönche widerspiegelt. Gemeinsam und doch einsam lebten sie in den Häuschen, die rund um einen **Kreuzgang** angeordnet sind, des-

sen gewaltige Ausmaße sich später bei der Besichtigung bestaunen lassen: Mit knapp 500 Metern gehört er zu den längsten Europas. Wer seine Jause vielleicht in Gesellschaft anderer Wanderer verspeist, tut etwas, das den Priestermönchen nur sonn- und feiertags erlaubt war, wenn sie sich im Refektorium zum Essen trafen. Während der Woche aß nicht nur jeder für sich in seinem **Zellenhaus,** sondern wurde auch Sicht- und Sprechkontakt verhindert, indem die Laienbrüder die Mahlzeit vom Kreuzgang her durch eine verwinkelte Luke schoben – Lebensumstände, die denen in Isolationshaft nicht unähnlich gewesen sein dürften. Nur wenn der Teller einmal unangetastet blieb, sah der Prior nach seinem Mitbruder.

Vom Wanderweg 21, auf dem man die Kartause umrundet, ist die typische Anordnung der Zellenhäuser rund um

*Kartause Mauerbach, Innenhof mit Schauer'scher Kapelle*

*Von Steinbach nach Mauerbach*

den Kreuzgang gut zu überblicken. Das Bundesdenkmalamt, heute hier Hausherr, hat die unter Abt Georg Fasel (1616–1631) barockisierte Anlage vorbildlich restauriert. Dass sie noch fast vollständig erhalten ist, wundert v. a. angesichts der Tatsache, dass die Kartause Mauerbach das erste Ordenshaus war, das der reformfreudige Kaiser Joseph II. schließen ließ. Während andere Klöster nach seinem Tod wieder auflebten, wurde Mauerbach zu einem Versorgungshaus für Alte und unheilbar Kranke, später zum Spital und Obdachlosenasyl.

Während der Zeit als Armenspital wurden die heute behutsam freigelegten Fresken im Kreuzgang zur Desinfektion mehrfach mit Kalk übermalt. Operiert wurde im **Refektorium,** dessen Wände heute Ansichten europäischer Kartäuserklöster zieren. Untergebracht waren die Kranken im ehemaligen Laienbrüderteil der **Kirche,** wo durch die Ausdünstungen vieler Patienten auf engem Raum Teile der Wandmalerei und des Stucks zerstört wurden. Dass die Lebensbedingungen in der einstigen Kartause über weite Strecken menschenunwürdig waren, dokumentiert der Brief eines Insassen vom 12. April 1881: Um dieser Hölle zu entkommen, bleibe ihm wohl nichts anderes übrig, als sich aufzuhängen, an Typhus oder Lungenentzündung zu sterben oder eine Straftat zu begehen, um wenigstens ins Kriminal verlegt zu werden.

Auf der anderen Seite des sog. **Kreuzganglettners,** der die Kirche in zwei gleich große Teile für Laienbrüder und Priestermönche teilt, hängt eine Uhr an der Decke, deren Zifferblatt seitenverkehrt aufgemalt ist: Mithilfe eines Taschenspiegels konnten die Pries-

39

*Kaisergarten mit Zellenhäusern im Hintergrund*

termönche unauffällig herausfinden, wie lange sie noch ausharren mussten. Schließlich waren sie getreu dem Psalmwort „Siebenmal am Tag singe ich Dein Lob, und nachts stehe ich auf, um Dich zu preisen" bereits um 23.30 Uhr zu einem zwei- bis dreistündigen Nachtoffizium in die Kirche gekommen. Acht Stunden des Tages nahmen die von Studium und handwerklichen Arbeiten unterbrochenen Gebete insgesamt in Anspruch. Verständlich, dass dabei manchmal die Zeit stehenzubleiben schien.

## Glauben im Garten

Zwischen den Gebeten waren die Priestermönche u. a. zur Gartenarbeit verpflichtet. Weil diese ebenfalls rein kontemplativ ausgerichtet sein und als Ausgleich für die geistigen Betätigun-

gen dienen sollte, wuchsen in den Gärtchen, die an jedes Zellenhaus angrenzen, nur Zierpflanzen. Gemüse, Kräuter, Obst und erstaunlicherweise sogar Schildkröten stammten von großen Gemeinschaftsflächen. Weitere Ziergärten gab es mit dem **Prälatengarten** und mit dem **Kaisergarten** (➤ S. 36): Doppelt so groß wie einer der **Zellengärten** der Mönche, sollte er Gästen katholische und speziell kartäusische Glaubensinhalte vermitteln. Aufgeteilt in zwei quadratische Bereiche, von denen einer der Marien- und einer der Christusverehrung gewidmet war, sollte sich der symbolische Gehalt von Anker- und Herzformen beim Blick aus den Fenstern des großzügig geplanten **Kaisertrakts** oder bei einem Spaziergang erschließen. Auch wenn man sich heute mit der Entschlüsselung solcher Symbole schwertut, strahlt das von hohen Mauern

*Kirche Kartause Mauerbach*

*Mauernische im Kaisergarten*

umschlossene Rechteck mit seinen vielen kleinen Beeten seit der Revitalisierung durch das Bundesdenkmalamt einen besonderen Charme aus. Zwischen zwei filigranen Pavillons, die in den Ecken schweben, wachsen hier v. a. wilde, also nicht veredelte Barockrosen, duftende Kräuter wie Thymian, Lavendel und Salbei, dazu Heilpflanzen wie Frauenmantel, Gnadenkraut oder Weinraute, das Kraut „wider die Geilheit im Manne".

Dem Gründer der Kartause begegnet man übrigens noch heute, allerdings nur als Statue in einer Nische der **Kirchenfassade.** 1330 wurde Friedrich der Schöne in Mauerbach bestattet. Nach der Aufhebung des Klosters 1782 wurden seine sterblichen Überreste in den Stephansdom überführt. Verborgen unter der barocken Kirche ruhen die Grundmauern der gotischen Kirche:

1592 war die Kartause bei einem Erdbeben fast völlig zerstört worden.

Heute ist der Lärm solcher Ereignisse, zu denen auch die Osmanenangriffe 1529 und 1683 gehörten, längst verklungen. Im vom Kreuzgang gebildeten Innenhof, der einst als Gemeinschaftsgarten genutzt wurde, blühen hohe Gräser rund um die efeuberankte **Schauer'sche Kapelle.** Wo ein Rasenmäher Wege und Plätze in das Grün gezogen hat, eröffnen sich immer wieder neue Perspektiven auf das Kloster. Die Ruhe aber bleibt überall gleich.

41

**Tour 2**

## Pilgern & entdecken

▸ **Kartause Mauerbach,** Kartäuserplatz 2, 3001 Mauerbach, www.bda.at. Geöffnet Juni bis September Sa., So. & Feiertag

10–18 Uhr, individuelle Besichtigung oder Führung: So. 15 Uhr; Konzerte Alter Musik; Weiterbildungsseminare des Bundesdenkmalamts.

## Einkehren & genießen

✕ **Rieglerhütte** Karl-Bekehrty Straße 180, 1140 Wien, www.prilisauer.at (Achtung: Wintersperre!)

✕ **Gasthaus Sophienalpe** Sofienalpenstraße 113, 1140 Wien, www.sophienalpe.at

✕ **Klosterwirt** Kartäuserplatz 2, 3001 Mauerbach, www.klosterwirt.at

☕ **Kartausen-Café** Am Hauptplatz 1, 3001 Mauerbach, www.kartausencafe.at

## Hinkommen & gehen

**Länge:** 11,4 km
**Gehzeit:** ca. 3 h 30 min
**Anfahrt:** Bus 52A ab Wien-Hütteldorf Bhf. bis Jägerwaldsiedlung
**Rückfahrt:** Bus 249 ab Mauerbach Busbhf. bis Wien-Hütteldorf Bhf.
**Mit dem Auto:** Parken am Ende der Karl-Bekehrty-Straße in Wien-Hütteldorf. Zurück mit dem Bus 249 ab Mauerbach Busbhf. bis Wien-Hütteldorf Bhf., dort umsteigen in den Bus 52A bis Jägerwaldsiedlung.

**Tour 2**

**Route:** Auf der Karl-Bekehrty-Straße Richtung Norden in den Wald, bei der ersten Brücke hinter dem Schlagbaum rechts über den Bach, links und auf dem Wanderweg oberhalb der Karl-Bekehrty-Straße zur Rieglerhütte, von dort gelb markierter Aufstieg zur Sophienalpe ❶, nach 200 m über die Zufahrtsstraße Richtung Nordosten halb links in den Wald auf den blau markierten Weg Richtung Scheiblingstein, bei der beschilderten Wegkreuzung links nach Steinbach (gelbe Markierung). In Steinbach der gelben Markierung Richtung Mauerbach folgen, die nach rund 300 m von der Straße rechts in den Wald hinaufführt (Weg 3). Kurz vor Mauerbach rechts ab auf den Weg 21, Kartause ❷ entlang der Wehrmauer umrunden, bei der Klosterkirche und dem Klosterwirt den Mauerbach überqueren, nach Besichtigung der Kartause vorbei an der ehem. Marienkapelle zur Hauptstraße, links hinunter zum Busbahnhof Mauerbach.

43

# 3 Alte Gemäuer im Dornröschenschlaf

# Über die Burgruine Ried
# zur Klosterruine Sancta Maria in Paradyso

Zwei gut im nördlichen Wienerwald versteckte Ruinen machen diese Wanderung zu einer kleinen Expedition. Dabei sind zunächst die Mauerreste der Burg Ried zu entdecken, die bereits Mitte des 15. Jahrhunderts aufgegeben wurde. Zur selben Zeit begann nur einen Kilometer östlich die ebenfalls kurze Geschichte des Klosters Sancta Maria in Paradyso: Eine Gruppe von Franziskanermönchen ließ sich an der Laurentiuskapelle nieder, um fern der Stadt ein besitzloses, ganz der Ausbildung gewidmetes Leben zu führen.

## Herausforderung für Entdecker

Wer sich im **Wienerwald** einmal so richtig verlaufen möchte, dem kann die Gegend südöstlich von Ried am Riederberg wärmstens ans Herz gelegt werden. Bis zu den Knöcheln im schweren Boden, bis zu den Oberschenkeln im Gras zwischen den Reifenspuren der Forstfahrzeuge und den Kopf in den Zweigen stellt sich wohl jeder Ortsunkundige hier irgendwann einmal die Frage, ob er sich überhaupt noch auf einem der unzähligen, sich kreuzenden, parallel laufenden oder im Kreis führenden (Forst)Wege befindet oder längst querfeldein durch den Wald stolpert. Zwar führt von Ried ein Wanderweg über Saubühel Richtung Troppberg, aber erstens tun sich trotz der Menge an Bäumen und Markierungen ausgerechnet an jenen Stellen Lücken auf, an denen sich scheinbar oder tatsächlich Wege kreuzen, und zweitens

liegt die Burgruine Ried, der man gern einen Besuch abstatten würde, abseits dieses Wanderwegs. 2013 hat sich der Verein für Ortsbildpflege Ried der Wanderer angenommen und einen „Rieder Ruinenwanderweg" ausgeschildert, der die Burg- mit der Klosterruine verbindet. Allerdings bringen auch die weißen Pfeile, auf denen in Rot der gespiegelte Umriss einer Ruine skizziert ist, keine durchgehend klare Linie in das Dickicht: Nach einem aussichtsreichen Wegstück durch eine Landschaft, die mit ihrem sanften Auf und Ab an eine Daunendecke erinnert, beim Holzlagerplatz am Waldrand angekommen, ist das Rätsel zu lösen, ob es zur Ruine entsprechend des weißen Pfeils nach links oder entsprechend des roten Hinweisschilds „Burgruine" nach rechts geht. Wer etwas Entdeckergeist und Proviant – eine Verpflegungsmöglichkeit gibt es unterwegs nicht – mitbringt, ist für die Suche

45

*Blick auf Ried mit der Pfarrkirche*

nach der im Wald versteckten Vergangenheit allerdings gut gerüstet. Dass weder die Burg- noch die Klosterruine Sancta Maria in Paradyso (➤ S. 44) Ziele des Massentourismus sind, sondern seit Jahrhunderten meist ungestört im Dornröschenschlaf liegen, macht schließlich gerade ihren Reiz aus.

## Regnerische Quelle

Einer privaten Initiative ist es zu verdanken, dass von der **Burgruine Ried** überhaupt etwas zu sehen ist bzw. das, was zu sehen ist, erhalten wird: Die Mitglieder des 2009 gegründeten Vereins zur Erhaltung und Erforschung der Burg verbringen so manche Stunde an der Grabungsstelle etwa 800 Meter südlich des Ortes und haben dabei einige Antworten und noch mehr Fragen ans Tageslicht befördert: Die im 12. Jahrhundert er-

richtete Burganlage wurde bereits Mitte des 15. Jahrhunderts als „öde", also unbewohnt, bezeichnet und verbirgt ihre wahre Größe unter Schutt, Erde und Pflanzen. Dass die weitläufige, durch Schildwall und Graben gesicherte Anlage vermutlich als Steinbruch diente, nachdem sie verlassen worden war, erschwert die Arbeit zusätzlich. Selbst für Laien auf den ersten Blick erkennbar ist die Ruine eines romanischen **Rundturms,** der wohl im 13. Jahrhundert im Südosten des Kernwerks errichtet wurde. Zwischen den Bäumen im Westen ist noch ein etwa 20 Meter langer aufrechter Abschnitt der **Zwingermauer** erhalten. Der einstige **Burggraben** im Norden ist so weit mit Schutt aus dem Kernwerk gefüllt, dass nur noch eine Geländestufe zu sehen ist. Wer von der Burgruine zum ehemaligen **Kloster Sancta Maria in Paradyso** wandert, würde nicht vermuten, dass sie

*Quelle an der Klosterruine*

*Die Klosterruine*

nur rund einen Kilometer Luftlinie entfernt steht. Der Fußweg durch den Wald ist nicht nur bedeutend länger, sondern im ersten Teil, wo die weiß-grün-weißen Balken der Markierung an entscheidenden Stellen Verstecken spielen, auch schwer zu finden. Doch je weiter man sich erst der Wegkreuzung am Saubühel und dann der Klosterruine nähert, desto leichter fällt die Orientierung. Eine kleine, neben dem Weg plätschernde **Quelle** kündigt nicht nur die Lichtung an, sondern bewirkt angeblich auch Wunder: Wenn das Wasser in dem steinernen Trog mit einem Stock umgerührt und dabei drei Vaterunser gebetet würden, sei baldiger Regen gewiss. Wer es ausprobieren mag, sollte in Anbetracht des lehmigen Waldbodens hoffen, dass die Wirkung erst nach der Wanderung eintritt. Ein kleiner hölzerner Pentagondodekaeder, der als „heiligster" der Platoni-

schen Körper gilt und wohl aus diesem Grund um ein Fläschchen gelegt wurde, das oben auf dem Quellstein steht, deutet darauf hin, das manche Besucher in diesem Ort mehr als eine geschichtsträchtige Stätte sehen. Fachleute vermuten, dass unter den Fundamenten der einstigen Abtei Reste eines römischen Bauwerks liegen, das die alte Straße über den Riederberg sichern sollte. Mitte des 15. Jahrhunderts gründete Gabriel von Verona (1410–1486), damals Vikar der österreichischen Ordensprovinz, an dieser Stelle, wo bereits die **Kirche St. Laurentius** stand, eine Niederlassung des Observanten-Franziskanerordens. Weil der Bau zeitlich mit der Aufgabe der Burg Ried zusammenfällt und beide Anlagen so dicht beieinanderliegen, wurde vermutet, dass die Steine für das Kloster von der Burg genommen wurden. Einer Sage nach soll es sogar einen unterirdi-

47

## Die Observanten

Keinen Besitz und absolute Armut: Um die Mitte des 14. Jahrhunderts bildete sich innerhalb der Franziskaner eine Gruppe heraus, die sich für eine strengere Beachtung („Observanz") der Ordensregel des Franz von Assisi (1181/82–1226) starkmachte. 1517 erkannte Papst Leo X. die Teilung des von ihm gegründeten Ordens der Minderen Brüder in (schwarz gekleidete) Konventualen, auch Minoriten genannt, und (braun gekleidete) Observanten an. Strenge Armut und seelsorgerische Ausrichtung seien mehr und mehr zugunsten von Besitz und dem Wirken an bedeutenden Universitäten aufgegeben worden, bemängelten die Observanten. Sie forderten, sich von den Städten, an deren Rand sich der Bettelorden bisher bevorzugt angesiedelt hatte, abzuwenden und stattdessen in Einsiedeleien niederzulassen. Ihre Position fand schon bald eine Mehrheit innerhalb des Ordens. Die postulierte Einfachheit des Lebens spiegelt sich in der oft schlichten Architektur der Klöster und Kirchen wider, die auf komplizierte Bautypen und auffällige Details verzichtet.

schen Verbindungsgang zwischen den beiden Bauwerken gegeben haben. Tatsächlich stammen die Reste der Umfassungsmauern, die teilweise bis zu den Gewölbeansätzen erhalten sind, von der gotischen Kirche – die Klosterruine ist also v. a. eine Kirchenruine. Nur nördlich und östlich des **Saalbaus** sind noch wenige Mauerreste des einstigen Klosters zu erkennen, das als Ausbildungsstätte der Österreichischen Ordensprovinz der Franziskaner diente.

### Kuenrings Vermächtnis

Eine plätschernde Quelle, das Rauschen des Waldes, Vogelgezwitscher: So präsentiert sich Sancta Maria in Paradyso nicht erst heute. Die paradiesische Lichtung mit der Laurentiuskapelle habe „Liebe" in den Patres hervorgerufen, notierte Placidius Herzog, ein Geschichtsschreiber des Franziskanerordens, in seiner 1740 veröffentlichten *Cosmographia Austriaco-Franciscana:* „Denn er war abgeschieden vom ganzen Lärm der Welt und sehr geeignet, sei es geistliche, sei es schriftliche Früchte zu bringen." Dass in der Ruhe, die noch heute hier herrscht, die Worte leichter als anderswo in die Feder flossen, lässt sich bei einer Pause an dem komfortablen Picknicktisch im **Pavillon** nachvollziehen. Möglicherweise hat einst genau an dieser Stelle Gabriel von Verona gesessen und an seinem Predigerhandbuch *Flores paradisi* geschrieben. Während einige der hier geschaffenen Werke verbrannten oder verloren gingen, konnten andere gerettet werden und werden heute in der Zentralbibliothek der Franziskaner in Graz gehütet.

Das Kloster selbst war dagegen schutzlos den Unbilden der Zeit ausgeliefert. 1509 wurde es von einer Feuersbrunst, 20 Jahre später wiederum bei der Ersten Türkenbelagerung zerstört, wobei die rund 20 Mönche getötet wurden. Die Verluste waren so schwerwiegend, dass Sancta Maria in Paradyso nie wie-

*Bildtafel mit St. Laurentius an der Klosterruine*

der aufgebaut wurde. Dass der Ort nicht ganz in Vergessenheit geriet, ist dem Pfarrer Johann Adam Mihm (1774–1851) zu verdanken, der 1828 nach Sieghartskirchen kam und die Bevölkerung aufrief, die verbliebenen Steine nicht weiter abzutragen, sondern an Ort und Stelle zu belassen: „Wer im Frühjahre, oder auch im Sommer, dieses einsame Thal, oder Waldschlucht, besucht und sich genau ansieht, wird begreiffen, wie man der Einsamkeit, vom Geräusche der Welt ganz entfernt, eine höchst Gestalt geben, und selbe nach dem ehemaligen Klostersinne: ‚das Paradies' nennen konnte", schrieb Mihm 1839.

Zwischen Wald und Wiesen, die im September von Herbstzeitlosen übersät sind, führt der Wanderweg, der ab dem Saubühel identisch mit dem Österreichischen Jakobsweg ist, zurück nach Ried und zur **Pfarrkirche,** deren Geschichte ein Band zurück zur Burg Ried spannt: Es war einer ihrer Lehnsherren, Hadmar II. von Kuenring (um 1140–1217), der 1211 die Pfarre gründete, nach seinem Tod allerdings nicht hier, sondern im Stift Zwettl (➤ Tour 14) bestattet wurde. Mit dem Kloster Sancta Maria in Paradyso verbindet die später zur gotischen Saalkirche erweiterte Burgkapelle das Schicksal, 1529 bei der Türkenbelagerung zerstört zu werden. Seit 1826 steht an ihrer Stelle eine schlichte Saalkirche. Noch einige Jahrzehnte älter ist der hl. Johannes Nepomuk im **Kapellenbildstock** am Scheitelpunkt der Hauptstraße unterhalb der Kirche. Sein Gruß scheint den Pilgern, die auf dem Österreichischen Jakobsweg die nächsten 41 Kilometer zum Stift Herzogenburg (➤ Tour 6) in Angriff nehmen, ebenso zu gelten wie uns auf unseren wenigen letzten Metern zurück zur Bushaltestelle.

49

**Tour 3**

## Pilgern & entdecken

▶ **Klosterruine Sancta Maria in Paradyso,** ca. 1,3 km südöstlich von Ried am Riederberg. Jederzeit zugänglich, Wege aber oft sehr matschig.

▶ **Pfarrkirche,** Kirchenstraße 5, 3004 Ried am Riederberg

## Erleben & besichtigen

▶ **Burgruine Ried,** ca. 800 m südlich von Ried am Riederberg, www.burgried.at.

Jederzeit zugänglich, Wege oft sehr matschig.

## Einkehren & genießen

✗ **Gasthaus Schmid/Zwirchmayr**
Linzerstraße 11,
3004 Ried am Riederberg

## Hinkommen & gehen

**Länge:** 7,2 km
**Gehzeit:** ca. 2 h 30 min
**Anfahrt/Rückfahrt:** Bus 447 bzw. 547 bis/ab Ried am Riederberg Gh. Schmid
**Mit dem Auto:** Parken in Ried am Riederberg
**Route:** Von der Bushaltestelle Richtung Südosten in die Hauptstraße, vor der
Pfarrkirche ❶ halb links in die Kirchengasse und der grünen Markierung Rich-
tung Saubühel – Troppberg bis zum Holzlagerplatz am Waldrand folgen. Von
dort zunächst über den unmarkierten Weg auf der westlichen Seite einen Ab-
stecher zur Burgruine Ried ❷ machen, dabei den roten Hinweisschildern „Burg-

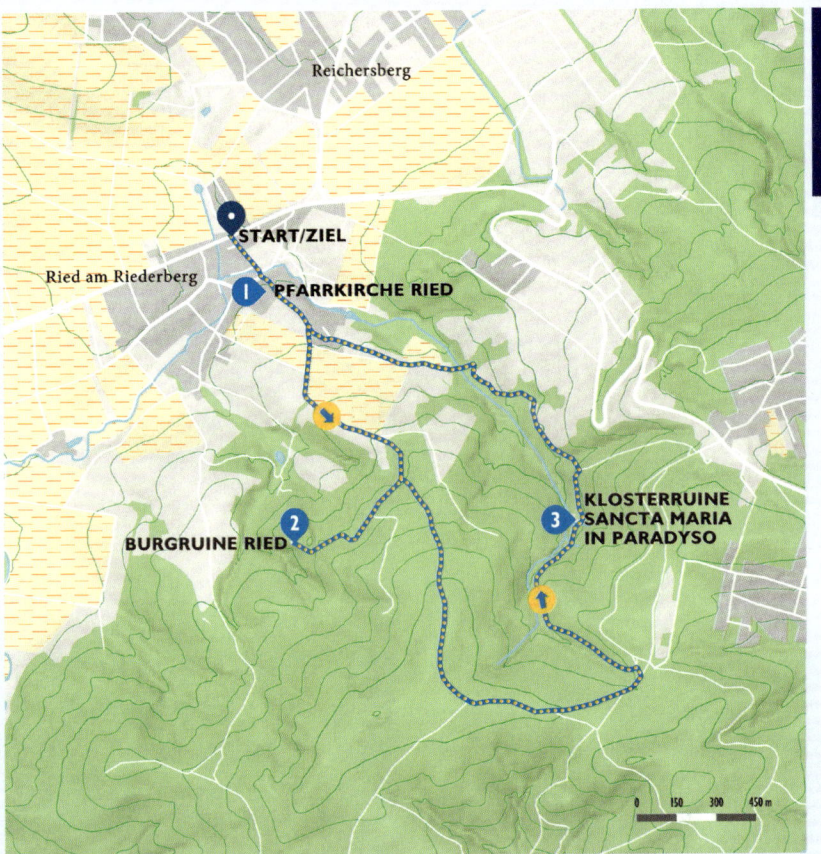

Tour 3

ruine" folgen und auf derselben Strecke zum Holzlagerplatz zurückkehren (Abkür-
zung zum östlich verlaufenden Wanderweg möglich, wegen verwachsener Wege
aber schwer zu finden). Vom Holzlagerplatz dann dem mittleren, grün markierten
Weg Richtung Südosten durch den Wald bis zur Wanderwegkreuzung am Saubühel folgen. Dort links ab und auf dem blau markierten (Jakobs)Weg zunächst bis
zur Klosterruine Sancta Maria in Paradyso ❸, dann durch den Wald und über Wiesen zurück nach Ried am Riederberg, wo der Fußpfad wieder in den grün markierten Wanderweg einmündet. Über Kirchenstraße und Hauptstraße zurück zur Bushaltestelle.

51

# Über das Kloster Mayerling zum Stift Heiligenkreuz

Von rund 120.000 Menschen wird Stift Heiligenkreuz nach eigenen Angaben jährlich besucht, doch wer durch die umliegenden Wälder und über das ehemalige Stiftsgut Preinsfeld nach Mayerling wandert und dabei einen großen Teil des Gründungsgebiets erkundet, trifft meist mehr Eichhörnchen als Wanderer. Ein weiteres beliebtes Ausflugsziel in der Region ist das frühere Jagdschloss und jetzige Karmelitinnenkloster Mayerling, v. a. seit der Eröffnung des Besucherzentrums und der neu gestalteten Ausstellung anlässlich des 125. Todestags von Kronprinz Rudolf und Mary Vetsera.

## Endstation Fegefeuer

1133 inmitten eines großen Waldgebiets gegründet, ist **Stift Heiligenkreuz** heute geistliche Heimat für fast hundert Mönche, zugleich aber moderne Hochschule, Priesterseminar und Touristenattraktion. Noch zu Lebzeiten des Zisterzienserabts Bernhard von Clairvaux (um 1090–1153), dem der Orden seine Verbreitung verdankt, wollte der Babenberger Markgraf Leopold III. (➤ Tour 1) nicht nur den Mönchen eine weitere Stätte des Gebets, sondern auch seiner Dynastie eine Grablege verschaffen. Außerdem sollten die Zisterzienser das wilde Tal des Sattelbachs, damals an der beweglichen Ostgrenze der Mark gelegen, in einen land- und forstwirtschaftlichen sowie handwerklichen Musterbetrieb verwandeln. Die Motive für die Gründung waren also keineswegs nur spiritueller Art.

Lage und Größe des damaligen Areals, 1136 von Leopold III. in der Stiftungsurkunde festgelegt, sind im Wesentlichen mit der heutigen Katastralgemeinde Heiligenkreuz identisch. Eine Verbindung zwischen dem Kloster und dem Ort, der erst später entstand, schafft der barocke **Kreuzweg,** der sich von der Bushaltestelle durch das **Badener Tor,** über den Stiftsparkplatz und durch das **Wiener Tor** erreichen lässt. Kleine Kapellen und weiße Heiligenstatuen zwischen alten Bäumen sind die materialisierte Erinnerung des Heiligenkreuzer Abts Robert Leeb (1688–1755) an seine Pilgerreise nach Jerusalem. Entworfen von einem Architekten mit dem passenden Namen Franz Anton Pilgram (1699–1761), wurde der **Kreuzweg** zwischen 1731 und 1748 von Heiligenkreuzer Handwerkern erbaut. Die Plastiken stammen vom Bildhauer Giovanni Giuli-

53

*Barocker Kreuzweg in Heiligenkreuz*

ani (1664–1744), der sich 1711 wegen finanzieller Probleme lebenslang Stift Heiligenkreuz verpflichtet hatte und u. a. das Chorgestühl für die Kirche anfertigte.

Am Endpunkt des Kreuzwegs steht die sog. **Intentionskapelle.** In ihr hängt ein Triptychon des Heiligenkreuzer Künstlermönchs Raphael Statt, dessen Reliefs Jesus am Ölberg, einen Engel und die schlafenden Jünger zeigen. Von hier führt eine Stiegenanlage hinunter zur Hauptstraße, von der kurz darauf eine verschwiegene Lindenallee zu einem anderen Ort der Erinnerung abzweigt: Am nördlichen Rand des **Heiligenkreuzer Friedhofs** befindet sich die **Gruft von Mary Vetsera,** deren Leben im Jagdschloss Mayerling unter umstrittenen Umständen beendet wurde. Was sich dort ereignet hat und warum das bei seinem Tod erst 17 Jahre alte Mädchen auch

im Grab keine Ruhe fand, vermittelt die Ausstellung in Mayerling, in der u. a. der geschändete Prunksarg der Freiin zu sehen ist.

Nach diesem Vorgeschmack auf ein unrühmliches Kapitel in der Geschichte der Habsburger übernimmt jedoch zunächst die Natur die Regie: Vorbei an einer **Feuchtwiese** im Quellbereich des Buchbacherls, in der u. a. Feuersalamander, Ringelnattern und Gelbbauchunken heimisch sind, geht es in den Wald. Dass man sich hier auf einem einst bedeutenden Verkehrsweg entlang der Grenze des klösterlichen Gründungsgebiets bewegt, zeigen zwei Grenzsteine neben dem **Weißen Kreuz.** Auf dem Bild in der Rundbogennische der Steinsäule erscheint Maria dem Förderer des Zisterzienserordens, Bernhard von Clairvaux.

*Grab von Mary Vetsera*

*Weißes Kreuz*

## Jagdrevier für Eichhörnchen

Kurz vor **Siegenfeld**, wo die Zisterzienser von Stift Heiligenkreuz einen großen Wirtschaftshof errichteten, zweigt der Weg nach Preinsfeld ab. Eine Tafel des Kulturwanderwegs weist auf seltene Feuchtwiesen hin und erklärt, dass sie zusammen mit Resten von Obstwiesen einen der letzten Durchzugslebensräume für den Wiedehopf bilden. Apropos Wiedehopf: Kronprinz Rudolf (1858–1889), der den Stiftshof Mayerling nur wenige Jahre vor seinem Tod ebenfalls von den Heiligenkreuzer Zisterziensern erworben hatte und zu einem Jagdschloss umbauen ließ, war ein begeisterter Ornithologe, der bereits als Zwölfjähriger erste Arbeiten auf diesem Gebiet verfasste.

Auf dem Weg nach Mayerling durchquert man das **Heutal,** einen kurzen Abschnitt des **Sattelbachtals** und das idyllisch zwischen die Hügel getupfte Örtchen **Preinsfeld,** wo an der **Kapelle** eine Tafel daran erinnert, dass Markgraf Leopold III. Gut Preinsfeld zwischen 1133 und 1135 für Stift Heiligenkreuz kaufte. Jahrhunderte später wurden nördlich des Ortes bedeutende Gipslagerstätten entdeckt und v. a. in der Gründerzeit abgebaut.

Durch das traditionsreiche Jagdrevier der Babenberger und Habsburger unterhalb des **Hühnerkogels,** wo sich heute überwiegend Eichhörnchen über Äste und umgestürzte Bäume jagen, führt der Weg in das nächste, nicht minder idyllische, aber ungleich bekanntere Tal. „Tragödie" und „Mythos" sind Begriffe, die nicht nur von Marketingstrategen gern mit **Mayerling** verbunden werden. Noch vor wenigen Jahren nur ein von der Außenwelt abgeschottetes Kloster,

55

*Blick auf den Karmel Mayerling*

nutzen die Karmelitinnen mittlerweile geschickt das Potenzial des „Schicksalsorts": Die Rasenflächen, über die ein Mähroboter kurvt, wurden zur Bühne für das Ensemble aus **Kirche, Kloster** und **Teepavillon,** der als einziger Teil des Jagdschlosses erhalten geblieben ist. Das moderne **Besucherzentrum** am Eingang macht mit dem Leben von Kronprinz Rudolf vertraut, während die Ausstellung in einem Teil des Klosters die Umstände seines Todes beleuchtet: Am Morgen des 30. Jänner 1889 fand ein Kammerdiener die Leichen von Rudolf und Mary Vetsera im Schlafzimmer. Die Umstände ihres Todes können nicht zweifelsfrei rekonstruiert werden, weil Zeugen widersprüchliche Aussagen machten und Dokumente vernichtet wurden. Wahrscheinlich aber wurde das Mädchen, das aus einer Wiener Diplomatenfamilie stammte und seit Län-

gerem für den lebensüberdrüssigen Thronfolger schwärmte, von ihm im Einvernehmen erschossen, bevor er sich selbst das Leben nahm. Das um Vertuschung des Vorfalls bemühte Kaiserhaus beendete daraufhin die kurze Geschichte des **Jagdschlosses,** das nach dem 1887 abgeschlossenen Umbau ohnehin nur sporadisch genutzt worden war: Kaiser Franz Joseph ließ einen Teil des Schlosses und die alte Kapelle abreißen, den Rest des Schlosses zu einem Kloster umbauen und an der Stelle des Schlafzimmers den Altar der neuen Kirche aufstellen.

„Ich bin glücklicher im Tod als im Leben", schrieb Mary in einem Abschiedsbrief an ihre Mutter, der neben Fotografien, einem Tafelgeschirr, einem Aschenbecher des Zigarrenrauchers Rudolf und anderen Erinnerungsstücken in der Ausstellung gezeigt wird. Eine frag-

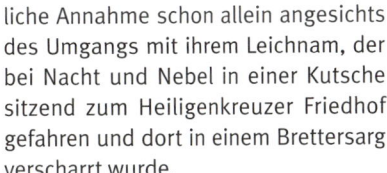

*Kirche von Mayerling*

*Stiftshof Heiligenkreuz*

liche Annahme schon allein angesichts des Umgangs mit ihrem Leichnam, der bei Nacht und Nebel in einer Kutsche sitzend zum Heiligenkreuzer Friedhof gefahren und dort in einem Brettersarg verscharrt wurde.

Den Kupfersarkophag, in den Mary Vetsera mit dem Holzsarg umgebettet worden war, brachen am Ende des Zweiten Weltkriegs Grabschänder auf. Mit der dritten Umbettung in einen Zinksarg 1959 fand die Baronesse noch immer nicht ihre letzte Ruhe: 1991 entwendete ein Linzer Möbelhändler und Hobbyhistoriker den Sarg, um die sterblichen Überreste wissenschaftlich untersuchen zu lassen. Am 23. Oktober 1993 wurde Mary Vetsera schließlich in einem Metallsarg zum vierten Mal beigesetzt. Um einer weiteren Schändung vorzubeugen, wurde die Gruft auf dem Heiligenkreuzer Friedhof mit Erde gefüllt.

## Moosbärte im Brunnenhaus

Die gruseligen Details der Tragödie von Mayerling verfolgen einen auf dem Weg nach Heiligenkreuz noch ein Stück durch den Wald, bevor sich das Stift mit seiner 900 Jahre alten Geschichte wieder in den Vordergrund drängt. Westlich gelegener Vorbote der Zisterzienserabtei ist der ehemalige **Schüttkasten,** der wegen der Brandgefahr außerhalb des eigentlichen Areals am Sattelbach gebaut wurde und dessen westlicher Bauteil auf ein romanisch-gotisches Festes Haus zurückgeht. Womit wir auch zeitlich wieder in der Entstehungsgeschichte des Stifts angekommen wären, dessen Anlage dem Idealplan der Zisterzienser entsprach und dessen Zentrum die einzige **Wölbungsbasilika** der Hochromanik des 12. Jahrhunderts in Österreich ist. Bar jeden Schmucks muten die unverputzten stein-

57

*Markgraf Leopold III. und Arkaden im Stiftshof, Kapitelsaal in Stift Heiligenkreuz*

grauen Kirchenwände gleichzeitig so modern an, als wären sie der Entwurf eines zeitgenössischen Architekten. Wenn am Abend das Sonnenlicht durch die drei Rundbogenfenster im Mittelportal in das Kirchenschiff einfällt, gratuliert man dem damaligen Lichtdesigner zu seiner Arbeit, die seit neun Jahrhunderten ihre ungebrochene Wirkung entfaltet.

Natürlich blieb es in Heiligenkreuz nicht bei den Bauten der Anfangszeit, wurden **Kirche, Kreuzgang, Kapitelhaus, Fraterie** und **Dormitorium** v. a. im Barock ergänzt durch einen **Neuen Konvent,** einen inneren **Stiftshof, Sakristei, Kirchturm** und **Meierhof,** in dem heute die Theologische Hochschule untergebracht ist.

Die Verglasung des Ende des 13. Jahrhunderts errichteten **Brunnenhauses** spiegelt diese Baugeschichte auf kleinem Raum wider: Einige Bildnisse, z. B. jene von Klostergründer Leopold III. und seiner Frau Agnes mit den Modellen der Stiftskirchen von Heiligenkreuz und Klosterneuburg (➤ Tour 1), haben sich tatsächlich aus den 1280er-Jahren erhalten, andere Darstellungen wurden etwa bei der Zweiten Wiener Türkenbelagerung 1683 zerstört und im 19. Jahrhundert ergänzt. Auch das Aussehen der fünf Brunnenschalen aus dem 16. Jahrhundert ist durch das kalkhaltige Wasser und die Moosbärte, die auf den Ablagerungen wachsen, ständiger Veränderung unterworfen.

Unverändert ist das Stift allein in seiner Existenz als spirituelles Zentrum, als das es seit der Gründung besteht. Auf einer Bank in den **Arkadengängen** (➤ S. 52) des inneren Stiftshofs, mit Blick auf das romanische Kirchenportal und die **Dreifaltigkeitssäule** sowie den **Josefsbrunnen** aus der Werkstatt Giovanni Giulianis, lässt sich die Ewigkeit zumindest so lange spüren, bis am Badener Tor der Bus abfährt.

59

## Pilgern & entdecken

▸ **Stift Heiligenkreuz,** 2532 Heiligenkreuz im Wienerwald 1, www.stift-heiligen-kreuz.org. Geöffnet tägl., Besichtigung nur mit Führung um 11, 14, 15 & 16 Uhr (17 Uhr nach Anmeldung ab 6 Personen), Mo. bis Sa. auch um 10 Uhr; Chorgebet um 5.15, 6, 12 & 18 Uhr, Choralmesse So. um 9.30 Uhr; Kloster auf Zeit; Gästezimmer.

▸ **Kreuzweg** nordöstlich des Stifts Heiligenkreuz

▸ **Friedhof Heiligenkreuz** mit dem Grab Mary Vetseras, Friedhofsweg, 2532 Heiligenkreuz

▸ **Weißes Kreuz** im Wald zwischen Heiligenkreuz und Siegenfeld

▸ **Ortskapelle Preinsfeld**

▸ **Kloster/ehem. Jagdschloss Mayerling,** Mayerling 3, 2534 Alland, www.karmel-mayerling.org. Geöffnet tägl. 9–17.30 Uhr, Karfreitag, Karsamstag & Heiliger Abend nur 9–13 Uhr; Gottesdienste Mo. bis Sa. 6.45 Uhr, So. & Feiertag 19 Uhr; Exerzitien.

## Einkehren & genießen

✕ **Klostergasthof,** Markgraf-Leopold-Platz 4, 2532 Heiligenkreuz im Wienerwald, www.klostergasthof-heiligenkreuz.at

✕ **Gasthof zum Alten Jagdschloss,** 2534 Mayerling 13, www.hotel-restaurant-mayerling.at

## Hinkommen & gehen

**Länge:** 12,8 km

**Gehzeit:** ca. 3 h 30 min

**Anfahrt:** Bus 365 ab Mödling Bhf. bis Haltestelle Heiligenkreuz Stift/Badener Tor

**Rückfahrt:** Bus 365 ab Haltestelle Heiligenkreuz Stift/Badener Tor bis Mödling Bhf.

**Mit dem Auto:** Parken am Stift Heiligenkreuz

**Route:** Durch das Badener Tor auf das Gelände von Stift Heiligenkreuz ❶, Parkplatz überqueren und dem Wegweiser „Kreuzweg" folgend durch das Wiener Tor zum Fuß des Kalvarienbergs. Über den Kreuzweg ❷ hinauf, hinter der Intentionskapelle hinunter zur Hauptstraße, nach ca. 100 m Abstecher nach links zum Grab von Mary Vetsera auf dem Friedhof Heiligenkreuz ❸. Zurück zur Hauptstraße, nach weiteren 100 m rechts in den Siegenfelderweg. An der Kreuzung hinter der Feuchtwiese Forststraße verlassen und geradeaus auf dem rot markierten Waldweg Richtung Siegenfeld, dabei an der Wegkreuzung hinter dem Weißen Kreuz ❹ geradeaus weiter über den gelb markierten Wanderweg. Kurz vor Siegenfeld an der Tafel 7 des Kulturwanderwegs rechts ab in den Wanderweg nach Preinsfeld und Mayerling. Entlang der grünen Markierung durch das Heutal, dann rechts entlang der Straße durch das Sattelbachtal, links in die Straße nach Preinsfeld ❺, Ort durchqueren und weiter Richtung Westen durch Wiesen und Wald über den Hühnerkogel zur Straße nach Mayerling, dort links zum ehem. Jagdschloss und jetzigen Kloster ❻. Nach der Besichtigung auf der Straße zurück Richtung Heiligenkreuz, bis wenige Meter hinter der Tafel „Kaiserliches Jagdgebiet" des Kulturwanderwegs nach rechts ein rot markierter Wanderweg abzweigt, der quer durch den Wald, dann südlich und nördlich der B11 nach Heiligenkreuz führt. Nach dem erneuten Queren der B11 über die Stiege hinunter zum Schüttkasten ❼ und rechts zurück zur Bushaltestelle am Badener Tor.

61

# Von Mödling in den Wallfahrtsort Maria Enzersdorf

Stimmungsvolle Schlössl, schöne Kirchen und stille Klöster säumen den Weg von der Babenbergerstadt Mödling im Süden Wiens durch den Föhrenwald nach Maria Enzersdorf. Dort stimmt ein Votivbild auf die Rolle des Orts als Station des Wallfahrerwegs nach Mariazell und als eigenständiger Wallfahrtsort ein, bevor es vorbei am Klarissenkloster, am Missionshaus St. Gabriel und an der Heilig-Geist-Kirche zum Romantikerfriedhof geht. Hinter den Mauern der Kapelle finden u. a. die Franziskaner des Klosters an der Hauptstraße ihre letzte Ruhe.

## Entzückendes Mödling

Die Anreise mit der Bahn nach **Mödling** wäre nicht weiter erwähnenswert, würde nicht schon der **Pepi-Wagner-Park** auf dem Bahnhofplatz an einen örtlichen Baumeister und Politiker erinnern, dem eine für die Region ungewöhnliche Art der Personenbeförderung vorschwebte: Josef „Pepi" Wagner (1940–2002) schlug Ende der 1980er-Jahre vor, zwischen Wiener Neudorf und Gumpoldskirchen doch eine Seilbahn bauen zu lassen und mit ihr rund 4500 Menschen pro Stunde zu befördern. Seine hochfliegende Idee zerplatzte allerdings schon bald wie eine Seifenblase.

Dafür, das Wiener Becken weiterhin auf konventionelle Art durchqueren zu müssen, entschädigt Mödling auf seine Weise. Im Anschluss an die Promenade entlang des **Mödlingbachs** entzückt – nach diesem altmodischen Wort schreit die kleine Babenbergerstadt geradezu – die **Hauptstraße** mit alten Bürgerhäusern, in deren Gewölben hübsche Geschäfte dazu einladen, die Wanderung an einem Werktag zu unternehmen. Rechtfertigen kann man den Bruch des Vorsatzes, Stille suchen zu wollen, ja damit, dass sich die Betriebsamkeit hier selbst an Samstagvormittagen in erträglichen Grenzen hält und spätestens bei der Pfarrkirche St. Othmar, also nach nur einem halben Kilometer Bummel durch den Ort, ohnehin wieder Ruhe einkehrt.

Genießen wir also noch ein bisschen die Atmosphäre in der historischen Altstadt, die unter dem Schutz der „Haager Konvention zum Schutz von Kulturgut bei bewaffneten Konflikten" steht. Auf diese Weise bewahrt werden sollen beispielsweise das **Beethovenhaus** in der Hauptstraße 79, in dem der Komponist die Sommer der Jahre 1818, 1819 und 1820 verbrachte, und ein ursprünglich klös-

63

*Mödlinger Rathaus*

*Karner*

terliches, später aber herrschaftliches Anwesen: Das **Thonetschlössl,** das ein wenig zurückgesetzt von der Hauptstraße am Josef-Deutsch-Platz steht, war zunächst ein Kapuzinerkloster, bis es 1785 säkularisiert und ein Jahr später von einem Seidenmanufakturunternehmer erworben wurde. Namensgeber des zu einem Schlössl umgebauten Gebäudes wurde die Familie Thonet, die es 1889 erwarb. 1930/31 übernahm es die Sparkasse der Stadt Mödling und brachte darin das 1904 eröffnete Bezirksmuseum unter. Immer etwas los ist auf dem **Schrannenplatz,** seit dem 14. Jahrhundert Zentrum des Orts. Ein Kaffee im Posthof mit Blick auf die Büste von Bürgermeister Josef Schöffel (1832–1910) gibt Gelegenheit, die historische Atmosphäre auszukosten, zu der der **Posthof** selbst beiträgt: Erbaut zu Beginn des 17. Jahrhunderts als Markthaus mit Dienstwohnungen

und großen Weinkellern, wurde er 1879 als späthistoristisches dreigeschossiges Wohn- und Geschäftshaus neu errichtet und bis 1984 teilweise als Post- und Telegrafenamt genutzt.

Westlich des Schrannenplatzes führt die Pfarrgasse zur mächtigen Kirchenanlage **St. Othmar.** Ihr heutiges Aussehen verdankt die Hallenkirche, die auf dem Fundament von nicht weniger als sechs Vorgängerkirchen ruht, u. a. jenem Mann, dem wir bereits auf dem Schrannenplatz begegnet sind: Josef Schöffel gründete 1875 einen Verein, der der Kirche wieder ein gotisches Aussehen verordnete. Aus dieser Zeit stammen auch die meisten der auffallend großen Glasfenster.

Tatsächlich sehr alt ist die um die Wende 12./13. Jahrhundert errichtete **Pantaleonskapelle,** die als Beinhaus genutzt wurde. Wer die Treppenstufen gleich hinter dem Karner hinaufsteigt, verlässt

*Schrannenplatz*

*Von Mödling nach Maria Enzersdorf*

zwar die Kirchenwelt St. Othmar, bleibt aber auf einem religiös geprägten Weg: 2002 wurden entlang des Anton-Wild-gans-Wegs Steinguss-Stationen zu einem **Kreuzweg** aufgestellt. Die Fresken zeigen nicht wie sonst meist üblich Jesus selbst, sondern seinen jeweiligen Blick auf die Welt. Während der Kreuzweg einen Haken nach Süden schlägt, verläuft der Wanderweg nach Maria Enzersdorf am Fuß des Kalenderbergs Richtung Norden. Im dichten Mischwald bleibt verborgen, dass die Nachbargemeinden Mödling und Maria Enzersdorf wenige Meter unterhalb längst zusammengewachsen sind.

## Wundersamer Wandel

Nach einem geruhsamen Kilometer durch die Natur übernimmt in **Maria Enzersdorf** wieder die Kirche das Zep-

ter: Am Votivbild in der Liechtenstein-straße, das Kaiser Ferdinand I. (1793–1875) gestiftet hat, verweilten Pilger auf dem Weg von Wien nach Mariazell für eine kurze Andacht. Das Bild unweit der Einmündung in die Johannesstraße zeigt Wallfahrer vor der Basilika Maria-zell und stimmt damit auf die lange Geschichte von Maria Enzersdorf als Station auf der Via Sacra und auf die etwas kürzere Geschichte als Ziel von Wallfah-rern selbst ein: Nachdem ein Priester in den 1720er-Jahren von einer Prozession nach Mariazell eine Kopie der dortigen Marienstatue mitgebracht und in der hiesigen Kirche aufgestellt hatte, schrieben ihr die Einwohner ebenfalls wundertätige Kräfte zu.

Rein wirtschaftlich betrachtet, bewirk-te der Wandel von Enzersdorf zu Maria Enzersdorf jedenfalls Wunder: Gasthäu-ser wie der Schwarze Adler in der Hauptstraße profitierten von Nachtruhe suchenden, Devotionalienhändler rund um die Kirche von Andenken suchenden Wallfahrern. So sollten die Maria Enzersdorfer „Schluck- und Essbilder" Kranke genesen lassen, indem man sie in ihre Speisen mischte. Apropos Essen: Gleich neben dem Votivbild steht ein Gasthaus. Der **Schottenhof** wurde 1866 vom Schottenstift erbaut, das hier ausgedehnte Weingärten besaß.

Eine vergleichsweise kurze Geschichte hat das **Klarissenkloster,** das in den 1960er-Jahren auf dem Gelände einer ehemaligen Gärtnerei an der Zipsgasse errichtet wurde. Damit war es das erste in Österreich neu gegründete Klarissenkloster, seit Kaiser Joseph II. alle Klöster dieses Ordens aufgehoben hatte. Das Kruzifix hinter dem Altar der öffentlich zugänglichen **Kapelle** hat ein Einheimischer geschnitzt: der Maria Enzersdorfer Hans Terzer (1906–1978). Dass die Klarissen quasi Nachbarinnen der Franziskaner im Kloster an der Hauptstraße sind, spiegelt bis in die Gegenwart hinein das historische Geschwisterverhältnis beider Orden.

Auf dem Weg zum Franziskanerkloster lohnen sich zwei Schleifen: eine nach Osten und eine nach Westen. Die erste führt zum Romantikerfriedhof, lässt ihn aber zugunsten der gewaltigen **Heilig-Geist-Kirche** (➤ S. 62), die östlich der Bahnstrecke in den Himmel wächst, zunächst links liegen. Entstanden ist sie zusammen mit dem weitläufigen, ebenfalls aus rotem Backstein gebauten **Missionshaus St. Gabriel** an der Wende vom 19. zum 20. Jahrhundert an der Gabrielerstraße. Weil St. Gabriel als zentrale Ausbildungsstätte der 1875 gegründeten Steyler Missionare eine wichtige Rolle für die Ordensgemeinschaft spielen sollte, wurde die Kirche entsprechend groß geplant. Ein Seiteneingang führt ins Innere der Pfeilerbasilika, die heute wie ein Fremdkörper neben Autohändlern und Industriebetrieben steht und mit ihrem neoromanischen Stil eine im Vergleich zu den meisten österreichischen (Barock)Kirchen ungewöhnliche Nüchternheit ausstrahlt. Bemerkenswert sind u. a. die Mosaike, die in hauseigenen Werkstätten hergestellt wurden.

## Franziskaner und Klarissen

Die franziskanische Brüderschaft bildete sich rund um Franziskus von Assisi, der nach einem begüterten, ausschweifenden Leben sein weiteres Dasein gemäß dem Evangelium in der Nachfolge Christi verbringen wollte. Mit seinem Charisma zog er Gefährten an und rief Anfang des 13. Jahrhunderts den Orden der Minderen Brüder ins Leben. Gemeinsam mit Chiara (Klara) Favarone (1193–1253), in der er eine begeisterte Mitstreiterin gefunden hatte, gründete Franziskus kurz darauf als zweiten Orden den der Klarissen, der allerdings erst nach dem Tod Klaras so bezeichnet wurde. Die von Franziskus geschriebene Regel verlangte von der Schwesterngemeinschaft strenge Klausur und Armut. Später verfassten sowohl Klara als auch Papst Urban IV. eigene Regeln, in deren Folge sich verschiedene Richtungen, wie z. B die Urbanistinnen, entwickelten.

Durch den Alten Wienerweg geht es zurück zur Grenzgasse und zum **Romantikerfriedhof,** auf dem Mitglieder des Kreises um den Redemptoristenpater Klemens Maria Hofbauer (1751–1820) beigesetzt wurden. Unter ihnen war Zacharias Werner (1768–1823), der nach einem ausschweifenden Leben zum Katholizismus übertrat, Priester wurde und außerdem als Begründer des romantischen Schicksalsdramas gilt. Im Schaukasten neben der Pforte sind so viele weitere Namen genannt, dass man meinen könnte, jedes Grab auf dem Areal sei die letzte Ruhestätte einer berühmten Persönlichkeit. Auf einer Tafel an der Rückwand der Kapelle sind die Namen aller Franziskanerpatres und -fratres eingemeißelt, die in der Erde darunter seit 1902 bestattet wurden.

*Schloss Hunyadi*

## Kekse aus dem Schloss

Durch den nördlichen Ausgang des Friedhofs und durch die Kaiserin-Elisabeth-Straße gelangt man zum nächsten Etappenziel, dem nach einer niederländischen (Partner)Gemeinde benannten **Bergschenhoekpark.** An seinem nördlichen Rand, abgeschirmt von einer mächtigen Rotbuche, steht das **Schlösschen Auf der Weide,** das von der Verkehrspolitik der Nachkriegszeit verstümmelt wurde: 1957 wurde ein Teil der um 1730 erbauten, ehemals vierflügeligen Anlage abgerissen, um eine Kurve zu begradigen und die Hauptstraße zu verbreitern. Daher bricht das Schlösschen auf der östlichen Seite hinter dem Hauptsaal mit seiner pompösen Marmorarchitektur unvermittelt ab, während der Flügel Richtung Westen erhalten geblieben ist.

Ein stimmungsvoller Ort für Veranstaltungen ist der Torso geblieben, ebenso wie **Schloss Hunyadi** nur wenige Hundert Meter nördlich, das seine Vollständigkeit vermutlich dem Umstand verdankt, dass es der Wiener Kaufmann Joseph von Patuzzi 1766 mit sicherem Abstand zur Hauptstraße an Stelle eines Freihofs errichten ließ. Wie das Schlösschen auf der Weide wurde Schloss Hunyadi in den 1960er-Jahren von der Gemeinde gekauft. Benannt ist es nach Alexandrine und Koloman Graf Hunyadi, denen es von 1876 bis 1901 gehörte. Dass es zwischen dem Ersten Weltkrieg und den 1950er-Jahren als Keks- und Teigwarenfabrik industriell genutzt wurde, ist ihm nicht anzusehen: Mit Sprossenfenstern, grünen Fensterläden und drei Flügeln, die sich zur Straße hin zu einem U formen, wirkt es behaglich wie ein Landhaus.

67

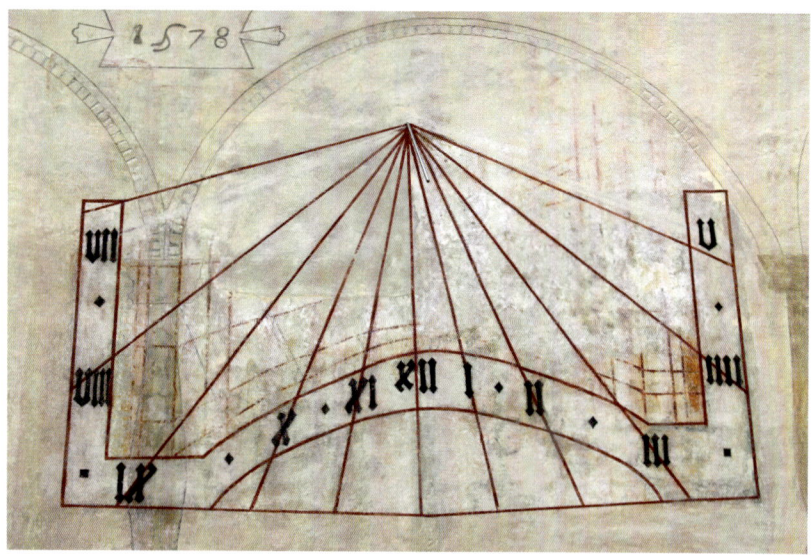

*Sonnenuhr an der Fassade des Franziskanerklosters in Maria Enzersdorf*

Wer auf der Südseite um das Schloss herumgeht, gelangt nicht nur in den **Park,** sondern auch zur Liechtensteinstraße, wo an der Ecke Mariazeller Gasse ein ebenfalls in den 1960er-Jahren von der Gemeinde erworbener ehemaliger Freihof steht: Die dicken Mauern des **Heiligenkreuzhofs** gehen auf das Jahr 1678 zurück, in dem Abt Clemens Scheffer hier einen Wirtschaftshof von Stift Heiligenkreuz (➤ Tour 4) bauen ließ. Schräg gegenüber weht noch einmal der Geist des Romantikerkreises: Hinter einer hohen Mauer versteckt sich das **Romantikerhaus,** wo Klemens Maria Hofbauer und seine Anhänger ihre Gespräche und Debatten führten. Bestattet wurde der „Apostel von Wien" selbst zunächst auf dem Romantikerfriedhof, wo die Geselligkeit des Lebens im Tod fortgesetzt werden sollte. 1862 wurden seine sterblichen Überres-

te in die Wiener Kirche Maria am Gestade überführt.

## Ältester Franziskanerkonvent

Wer beim Franziskaner Bierpub rechts in die Kirchenstraße abbiegt, geht direkt auf den 1787 aufgestellten Turm der Kirche zu, die mehr als zwei Jahrhunderte lang eine Doppelfunktion als Wallfahrtskirche „Maria Heil der Kranken" und als Pfarrkirche innehatte. 1784 hatte Kaiser Joseph II. den Ort zur selbstständigen Pfarre erklärt und deren Betreuung den Franziskanern übertragen. 2014 verlor die **Franziskanerkirche** den Rang der Pfarrkirche wieder, als die beiden Pfarren Altort und Südstadt zusammengelegt wurden. Damit büßte der **Klostertrakt** entlang der Hauptstraße, der 1725 nach Zerstörungen durch die Osmanen neu gebaut worden war, zwar seine Funktion als Pfarrzentrum ein, beherbergt nun aber das franziskanische Jugendzentrum „La Verna". Der kleine, etwa ein halbes Dutzend Mitglieder umfassende Konvent und die rund 130.000 Bände umfassende **Bibliothek** sind seit den 1960er-Jahren in einem Neubau abseits der Hauptstraße untergebracht, der an der Stelle des südöstlichen Klostertrakts errichtet wurde.

Die Suche nach baulichen Spuren aus dem Jahr 1452, in dem sich der älteste noch bestehende Franziskanerkonvent Niederösterreichs in Maria Enzersdorf niederließ, bleibt daher mehr oder weniger erfolglos. Ruhe allerdings ist hier durchaus zu finden: Im harmonisch gestalteten **Klosterhof** laden Bänke und Tische zur Rast ein, und im **Kreuzgang**, an dessen Wänden zum einen die Marksteine in der Entwicklung von Kloster und Kirche und zum anderen Danksagungen von Gläubigen dokumentiert sind, wandelt man auf den Spuren der Vergangenheit.

Wo Marmortafeln die Wände pflastern, befindet sich der Eingang zur 1895 er-

*Im Franziskanerkloster*

richteten, mit Bruchsteinen ausgekleideten **Lourdesgrotte**. Ungeachtet der Tatsache, dass das Wasser, das in ihr fließt, gewöhnliches Leitungswasser ist, macht gerade sein Plätschern die andächtige Stille hörbar, die Kreuzgang und Kirche durchflutet.

## Pilgern & entdecken

▸ **Pfarrkirche St. Othmar mit Karner,** Pfarrgasse 18, 2340 Mödling, www.othmar.at

▸ **Kreuzweg** am Anton-Wildgans-Weg, 2340 Mödling

▸ **Klarissenkloster,** Zipsgasse 4, 2344 Maria Enzersdorf, www.erzdioezese-wien.at/pages/inst/14426799. Gottesdienste in der Kapelle.

▸ **Missionshaus & Heilig-Geist-Kirche St. Gabriel,** Gabrielerstraße 171, 2340 Maria Enzersdorf,

www.stgabriel.at. Gelände privat, Kirche durch südlichen Seiteneingang öffentlich zugänglich.

▸ **Romantikerfriedhof,** Grenzgasse 7, 2344 Maria Enzersdorf

▸ **Franziskanerkloster,** Hauptstraße 5, 2344 Maria Enzersdorf, laverna.at. Klosterhof & Kreuzgang mit angrenzender Lourdesgrotte öffentlich zugänglich; Gottesdienste in der Kloster- & Wallfahrtskirche; Veranstaltungen.

**Tour 5**

## Erleben & besichtigen

▸ **Museum Mödling im Thonetschlössl,** Josef-Deutsch-Platz 2, 2340 Mödling, www.museum-moedling.at. Geöffnet Mo. bis Do. 9–13 Uhr, Sa. 10–14 Uhr, So. und Feiertag 14–18 Uhr.

▸ **Beethoven-Gedenkstätte im Hafnerhaus,** Hauptstraße 79, 2340 Mödling. Besichtigung nach Anmeldung im Museum Mödling.

▸ **Schlösschen Auf der Weide,** Hauptstraße 58, 2344 Maria Enzersdorf. Zugänglich im Rahmen von Veranstaltungen, Bergschenhoekpark jederzeit zugänglich.

▸ **Schloss Hunyadi,** Schloßgasse 6, 2344 Maria Enzersdorf, www.schloss-hunyadi. at. Schloss im Rahmen von Veranstaltungen, Schlosspark jederzeit zugänglich.

## Einkehren & genießen

✖ **Schlosserei,** Wehrgasse 4, 2340 Mödling, www.schlosserei.at

☕ **Café Posthof,** Schrannenplatz 3, 2340 Mödling

✖ **Mödlinger Kobenzl,** Jubiläumspark 2, 2340 Mödling, www.moedlingerkobenzl.at

✖ **Schottenheuriger im Schottenhof,** Liechtensteinstraße 68, 2344 Maria Enzersdorf, www.schottenheuriger.com

✖ **K. & K. Wastl,** Hauptstraße 43–45, 2344 Maria Enzersdorf

✖ **Das Wirtshaus am Nordpol,** Grenzgasse 73, 2344 Maria Enzersdorf, www.wirtshaus-am-nordpol.com

✖ **Franziskaner,** Kirchenstraße 24, 2344 Maria Enzersdorf, www.franziskaner-bierpub.at

✖ **Die Station,** Bahnstraße 13, 2345 Brunn am Gebirge, www.die-station.at

## Hinkommen & gehen

**Länge:** 9,0 km

**Gehzeit:** ca. 2 h 30 min

**Anfahrt:** S-Bahn bis Mödling Bhf.

**Rückfahrt:** S-Bahn ab Brunn-Maria Enzersdorf Bhf.

**Mit dem Auto:** Parken am Bhf. Mödling, vom Bhf. Brunn-Maria Enzersdorf mit der S-Bahn zurück

**Route:** Bahnhofplatz queren, links durch den Pepi-Wagner-Park, entlang des Mödlingbachs Richtung Westen/Zentrum, rechts durch die Wehrgasse zur Hauptstraße, geradeaus über den Josef-Deutsch-Platz zum Museum Mödling ❶. Zurück zur Hauptstraße, dort rechts, vorbei am Beethovenhaus ❷ zur Herzoggasse und zum Schrannenplatz ❸, weiter Richtung Wald durch die Pfarrgasse zur Kirchenanlage St. Othmar ❹, über die Treppe zwischen Kirche und Karner hinauf zum Anton-Wildgans-Weg, rechts entlang des Kreuzwegs ❺ und dem rot markierten Wanderweg 448/41 Richtung Norden nach Maria Enzersdorf folgen. Durch die Waldgasse zur Johannesstraße, vorbei am Votivbild ❻ geradeaus weiter in die Liechtensteinstraße, rechts in die Franz-Josef-Straße, rechts in die Zipsgasse mit dem Klarissenklos-

Tour 5

ter **7**. Links in die Johannesstraße, rechts in die Hauptstraße, links in die Grenzgasse, Bahnstrecke queren, unmittelbar vor der Ziegelmauer links in die Gabrielerstraße zum Missionshaus St. Gabriel und zur Heilig-Geist-Kirche **8**. Nach der Besichtigung weiter bis zur nächsten Kreuzung, dort links in den Alten Wienerweg, bei der Einmündung in die Grenzgasse zurück zum Romantikerfriedhof **9**, über den Friedhof bis zur Kaiserin-Elisabeth-Straße, dort links, rechts in die Hauptstraße, bei der Johannesstraße queren und durch den Bergschenhoekpark zum Schlösschen Auf der Weide **10**. Zurück zur Hauptstraße und dort links, links in die Schloßgasse, links vorbei am Schloss Hunyadi **11** durch den Schlosspark zum Schulplatz, rechts in die Liechtensteinstraße, rechts in die Kirchenstraße zur Kloster- und Wallfahrtskirche und zum Franziskanerkloster **12**. Zurück zur Hauptstraße und zur Kirche, weiter Richtung Norden, bis rechts die Bahngasse zum Bhf. Brunn-Maria Enzersdorf abzweigt.

71

# 6 Ungleiche Brüder

# Über Kloster St. Andrä an der Traisen zum Stift Herzogenburg

Der Kirchturm von Stift Herzogenburg ist das weithin sichtbare Wahrzeichen der Stadt an der Traisen. Dass sich schräg gegenüber am anderen Ufer des Flusses in St. Andrä an der Traisen viele Jahrhunderte lang ein zweites Augustiner-Chorherrenstift befand, ist weniger bekannt. Dabei bilden barocke Kirche, Pfarr- und Friedhof, Kloster und Mariensäule ein bemerkenswertes Ensemble, das seine Atmosphäre bewahrt hat, obwohl das Stift Ende des 18. Jahrhunderts geschlossen und danach als Militärhospital und Pflegeheim genutzt wurde.

## Wein & Wasser

Eine Weinrebe, ein gewundener Flusslauf und der Turm der Stiftskirche illustrieren den Slogan „Herzogenburg – Stadt mit Lebensqualität" auf einem Schild, das zwischen Industriebetrieben an der Wiener Straße steht. Auch wenn das hier, wo Bauarbeiter gerade die Straße für eine Abbiegespur verbreitern, v. a. für Autofahrer zu gelten scheint, finden Fußgänger auf dem Weg vom Bahnhof Herzogenburg über Oberwinden nach St. Andrä an der Traisen doch etwas von dem wieder, mit dem die Stadt hier für sich wirbt.

Fast so schnell wie die Autos auf der S33 scheint einer der **Mühlbäche,** die von der Traisen ausgeleitet werden, mit seiner starken Strömung den Ortskern von **Herzogenburg** zu durchschneiden. Nach dem Überqueren des Bachs und dem Unterqueren der Schnellstraße gelangt man zum Wasserspender selbst: Zwar wurde die **Traisen** in ihrem Unterlauf in ein künstliches Bett gezwungen, doch war es Ziel einer Renaturierung, dass sie sich wieder so anmutig durch die Augebiete schlängelt wie der Flusslauf auf dem Werbeschild.

Auf einem Nebenarm und wohl nicht von ungefähr in der Nähe der Fußgänger- und Radfahrerbrücke sucht eine Entenmutter mit ihrer Küken-Armada nach Futter. Von Spaziergängern herabgeworfene Brotwürfel ergänzen das Buffet am graswachsenen Ufer. Und wer entlang der Traisen am beliebten Radweg unterwegs ist, muss mit Verkehrsteilnehmern rechnen, die trotz ihres dicken Panzers gefährdet sind: Hirschkäfer. Am östlichen Ufer der Traisen führt ein Fußweg zum **Erlebnisbad Herzogenburg,** das nicht nur den üblichen Spaß auf Wasserrutschen und im Strömungskanal, sondern in einem großzügigen Schwimmteich auch natur-

73

*Blick auf St. Andrä an der Traisen*

nahes Baden zwischen Seerosen und quakenden Fröschen ermöglicht. Weinreben, wie sie auf dem Schild für Lebensqualität in Herzogenburg stehen sollen, sind auf dem Weg nach St. Andrä zwar nicht zu finden. Doch wer hinter den Industriebetrieben links abbiegt und kurz darauf nach **Oberwinden** gelangt, betritt unversehens eine vergleichsweise idyllische, von Landwirtschaft geprägte Szenerie. Durch die gemähte Wiese vor einem Bauernhof streift eine Katze, und am nördlichen Horizont drängen sich hinter ausgedehnten, vom grünen Band der Flussauen begrenzten Getreidefeldern rot gedeckte Häuser an einen Turm und ein imposantes Kirchenschiff, denen anzusehen ist, dass ihre Bedeutung über die einer Dorfkirche hinausgeht.

## Barocke Vergänglichkeit

Nach dem Queren des **Mühlgrabens** geht der Flurweg in die Ortsstraße über. Das letzte Wegstück zum ehemaligen, Mitte des 12. Jahrhunderts gegründeten **Augustiner-Chorherrenstift St. Andrä an der Traisen** führt bereits über jenen Teil des Österreichischen Jakobswegs, der Purkersdorf via St. Andrä und Herzogenburg mit Stift Göttweig (➤ Tour 8) verbindet. Neben dem Kriegerdenkmal eröffnet ein Tor den Durchgang zum **Marienplatz**. Weil die Kirche hinter einer großen, von Bienen und Hummeln summenden Linde verborgen ist, fällt zunächst die **Mariensäule** in der Platzmitte ins Auge. Mit ihrer barocken Gestalt erzählt sie bereits etwas vom Wiederaufbau von Kloster und Kirche Anfang des 18. Jahrhunderts nach den Verwüstungen durch die Osmanen.

*Mariensäule und Stiftskirche in St. Andrä*

1729 wurde die u. a. mit Altarbildern von Paul Troger kostbar ausgestattete **Stiftskirche** vollendet. In den Nischen der stattlichen Ostfassade werden die von gurrenden Tauben besetzten Statuen zu beredten Zeugen einer oft kurzlebigen Vergangenheit: Nur wenige Jahrzehnte nach dem barocken Wiederaufbau wurde das Kloster infolge der Josephinischen Erlässe geschlossen. Seitdem betreuen die Augustiner-Chorherren vom Nachbarort aus die Pfarre St. Andrä, deren Räume im ehemaligen Meierhof östlich der Mariensäule untergebracht sind.

Das **Klostergebäude,** das an der Nordseite an die Kirche anschließt, steht leer. Nach einem Zwischenspiel als Militärhospital war es 1828 dem Armenfonds der Stadt Wien überantwortet worden und gehörte zu den sog. Versorgungshäusern. Unter den Wiener Pflegeheimen genoss es nicht den besten Ruf, wurde jedoch ab den späten 1960er-Jahren modernisiert. Trotz aufwendiger Umbauten schloss der Wiener Krankenanstaltenverbund das Geriatriezentrum 2015, um fortan wohnortnahe Betreuung gewährleisten zu können.

Bevor man den Marienplatz durch das Tor wieder verlässt, sollte man unbedingt noch das Gittertor unter dem Todesengel südlich der Kirche öffnen. Hinter der barocken Mauer liegt der gepflegte **Friedhof,** in dem ein Gedenkstein neben einer von Efeu berankten Ruine an alle Pröpste und Priester erinnert, die hier und in der Stiftskirche begraben sind. Beeindruckend ist die Sicht von Süden auf das Langhaus, das wegen seiner tiefen Seitenkapellen unter einem durchgehenden Dach noch ausladender wirkt. Der Turm trägt seit einem Brand 1853 ein Notdach.

75

*Orgelempore in der Stiftskirche, Stiegenhaus und Ostfassade von Stift Herzogenburg*

*Blick von der Brücke über den Mühlbach auf das Stift*

## Kunstvoll aus Frosch- und Vogel-perspektive

Auf dem Jakobsweg geht es zurück nach Herzogenburg. Bevor man St. Andrä verlässt, lädt neben einem Garten am Ortsrand vielleicht ein Schild zum Pflücken ein, wenn die Kirschen gerade reif sind. Unabhängig von der Jahreszeit fordern auf der anderen Seite der Birkengasse zwei steinerne **Marterl** zum Verweilen auf. Während das eine direkt am Weg steht, versteckt sich das Nikolakreuz im dichten Grün. Wer nicht von den Brennnesseln gegeißelt werden möchte, sollte entweder lange Hosen tragen oder auf einen Abstecher in das Dickicht verzichten. Nach erholsamen Metern durch den Auwald quert die Birkengasse als hölzerner Steg die Traisen und führt im Schatten der Bäume weiter zur Schnellstraße, wo sie in den Prandtauerring übergeht.

Hinter dem Platz des SC Herzogenburg wacht der 1767 vollendete Kirchturm von Stift Herzogenburg, der auf dem Weg von Oberwinden nach St. Andrä bereits als kleine Silhouette am südwestlichen Horizont zu sehen war, über den Vereinsbetrieb. Der direkte Weg zum Wahrzeichen der Stadt bleibt nicht nur wegen des Fußballplatzes und der Tribüne verwehrt: Am **Prandtauerring** ist die zwischen 1477 und 1529 errichtete **Ringmauer** noch in geschlossener Form erhalten, ebenso wie einer von ursprünglich elf **Rundtürmen.** Die mit Schießscharten versehene Mauer liefert eine Erklärung dafür, warum **Stift Herzogenburg** viel weniger verwüstet wurde als sein Nachbarkloster St. Andrä an der Traisen: In den **Stiftssammlungen** finden sich auch Kunstschätze aus anderen Klöstern, z. B. mehrere Altartafeln aus der Kartause Aggsbach (➤ Tour 10).

77

*Nordseite des Stifts*

Betrachtet von einer Brücke über jenen Mühlbach, der direkt am Stift Herzogenburg vorbeifließt, ähnelt das Stift einem Landschloss. Wie groß der **Meierhof** ist, der sich im Vordergrund hinter Bäumen und Büschen versteckt, lässt sich erst bei einer Führung durch das Stift ermessen: Vom **Festsaal** (➤ S. 72), den Johann Bernhard Fischer von Erlach (1656–1723) ohne viel Rücksicht auf das ursprüngliche Konzept von Jakob Prandtauer wie ein mehrstöckiges Schwalbennest an die Ostfassade des Stifts kleben ließ, sind sowohl der Hof als auch der barock angelegte **Prälatengarten** aus der Vogelperspektive zu sehen.

Die Froschperspektive muss dagegen einnehmen, wer Bartolomeo Altomontes Deckenfresken in Festsaal und Kirche betrachten möchte. Dass der österreichische Maler der letzte große Vertreter der Barockallegorie war, zeigt sich auch in Herzogenburg, wo er an der Decke des Festsaals die Kirche von Passau dargestellt hat: Bischof Ulrich von Passau gründete das Stift für Augustiner-Chorherren 1112 an der damaligen Mündung der Traisen in die Donau. Erst 1244 wurde es wegen der Überschwemmungsgefahr und des ungesunden Sumpfklimas nach Herzogenburg verlegt.

Einer der wenigen erhaltenen mittelalterlichen Bauteile des Stifts befindet sich in oder besser gesagt an der **Stiftskirche:** Das gotische Stabportal blieb als Eingang erhalten und bietet in seiner Schlichtheit einen kräftigen Gegensatz zur spätbarocken Üppigkeit und Farbenpracht des Kirchenschiffs. Neben Bartolomeo Altomonte hat u. a. Daniel Gran dafür gesorgt, dass im Innern kaum ein Fleckchen unbemalt geblieben ist: Von ihm stammen die Fresken im **Altarraum** und das Hochaltarbild, das Georg, den

*Nebenarm der Traisen*

Stiftspatron, und Stephanus, den Patron der Stiftspfarre, neben Jesus auf dem Schoß seiner Mutter Maria zeigt. Moderner Kontrast zum barocken Umfeld des Stifts und zu den alten Altarbildern im Museum ist die 1999 geweihte **Osterkapelle.** Unter dem weißen Gewölbe eines Stichgangs laden schlichte Holzbänke zur Meditation ein. Durch die Kapelle zieht sich ein Glasfries, auf dem der 1946 geborene Künstler Wolfgang Stifter in einem expressiven, ganz in Rot gehaltenen Bilderzyklus die Heilsgeschichte erzählt. In Anlehnung an die Osterberichte der Evangelien, in denen ein Stein vom Grab Jesu weggewälzt wird, ist der Altar ein Quader aus demselben Gollinger Konglomerat, mit dem die Wandnische dahinter gestaltet wurde.

Einmal im Jahr kehrt jede Menge Leben in die Höfe und Gärten des Stifts ein: Die Niederösterreichischen Kindersom-

merspiele sind von einem kleinen Pfarrfest Anfang der 1970er-Jahre zu einem mehrtägigen Familienfestival geworden. Sonst herrscht auf dem **Kirchenplatz** meistens beschauliche Ruhe, die sich bis zum **Rathausplatz** ausdehnt. Nur bei Schönwetter ist er von Stimmengewirr und Geschirrgeklapper aus den Gastgärten der Cafés und Restaurants in den Bürgerhäusern erfüllt.

79

**Tour 6**

## Pilgern & entdecken

▸ **Ehem. Augustiner-Chorherrenstift St. Andrä an der Traisen,** Marienplatz, 3130 St. Andrä. Marienplatz & Friedhof zugänglich, Klostergebäude nicht, Besichtigung der Pfarrkirche nach Anmeldung (Kontakt über Stift Herzogenburg); Gottesdienst So. & Feiertag 9.15 Uhr.

▸ **Nikolakreuz,** Birkengasse, 3130 St. Andrä

▸ **Stift Herzogenburg,** Prandtauerring 2, 3130 Herzogenburg, www.stift-herzogenburg.at. Geöffnet April bis Oktober tägl., Besichtigung mit Führung um 9.30, 11, 13.30, 15 oder 16.30 Uhr; Mittagsgebet mit den Chorherren um 12 Uhr von Ostern bis Allerheiligen in der Osterkapelle; Klosterladen mit Café; Pilgerherberge; Kloster auf Zeit.

## Erleben & besichtigen

▸ **Aquapark,** Dammstraße 1, 3130 Herzogenburg, www.herzogenburg.at

▸ **Ringmauer mit Rundtürmen,** Prandtauerring, 3130 Herzogenburg

▸ **Rathausplatz,** 3130 Herzogenburg

## Einkehren & genießen

✕ **Haasis Hexenstüberl,** St. Andräer Ortsstraße 20, 3130 Herzogenburg

☕ **Cafés & Restaurants** am Rathausplatz, 3130 Herzogenburg

## Hinkommen & gehen

**Länge:** 7,1 km
**Gehzeit:** ca. 1 h 45 min
**Anfahrt/Rückfahrt:** Regionalzug bis/ab Herzogenburg Bhf.
**Mit dem Auto:** Parken am Bhf. Herzogenburg
**Route:** Vom Bahnhofplatz über den Fußweg parallel zur Bahnstrecke und die Sankt Pöltener Straße Richtung Norden/Ortszentrum, Bahnstrecke queren,

rechts in die Schimitschekgasse, rechts in den Roseggerring, auf der Wiener Straße S33 unter- und Traisen überqueren, evtl. Abstecher nach rechts durch die Dammstraße zum Aquapark Herzogenburg ❶. Auf der Wiener Straße weiter Richtung Osten, hinter den Industriebetrieben links nach Oberwinden, jedoch schon am Ortseingang links in den Flurweg und weiter Richtung Norden nach St. Andrä an der Traisen, dabei Mühlgraben queren. Im Ort bis zur Pfarrkirche mit Pfarrhof, Friedhof und ehem. Kloster ❷, zurück zum Kriegerdenkmal, von dort der Ausschilderung des österreichischen Jakobswegs durch die Birkengasse, vorbei am Nikolakreuz ❸ und über den Prandtauerring ❹ zum Stift Herzogenburg ❺ folgen, dabei wiederum Traisen über- und S33 unterqueren. Nach der Stiftsbesichtigung durch die Kirchengasse zum Rathausplatz ❻ und durch die Sankt Pöltener Straße zurück zum Bahnhof.

81

# 7 Äbte mit Talent

# Über Klösterblick und Klosteralm zum Stift Lilienfeld

Bei einer Wanderung vom Muckenkogel hinunter nach Lilienfeld wird die für eine Zisterzienserabtei typische Lage in einem Flusstal augenfällig: Sowohl vom Klösterpunkt am Gipfel als auch von einer Lichtung am Hang des Spitzbrandkogels ist Stift Lilienfeld aus der Vogelperspektive zu sehen. Die nötige Höhe bringt der am Lilienfelder Wasserfall vorbeischwebende Sessellift; die nötige Energie für den Abstieg und die Besichtigung lässt sich bei einer Rast auf der Klosteralm oder in der Lilienfelder Hütte tanken.

## Sessellift für Mutige

Obwohl Stift Lilienfeld das Kloster mit den größten noch erhaltenen mittelalterlichen Gebäudeteilen Österreichs und mit der größten Kirche Niederösterreichs ist, ist das Größte in der Gemeinde das, wovon das Stift hauptsächlich lebt: der Wald. Dass man von den Fenstern der Stiftskirche direkt in die Bäume schaut, kommt also nicht von ungefähr, denn im waldreichsten Bezirk Österreichs sind drei Viertel der Fläche bewaldet. Allein 12.500 Hektar Forst bewirtschaftet das Stift, wobei sich die Reviere vom Ötscher bis nach Kaumberg erstrecken.

Ein Gebiet dieser Größe bei einer Wanderung zu erschließen, braucht man gar nicht erst zu versuchen, doch dank des urigen Muckenkogel-Sessellifts, der mit seinen Einsersesseln noch aus der Zeit des legendären, in Lilienfeld aktiven Skipioniers Mathias Zdarsky (1856–1940) zu stammen scheint, erweitert sich der Raum zum Entdecken des Waldes und der Almen oberhalb des Stifts um ein paar Kilometer. Am Weg vom Bahnhof zur Talstation zweigt vor den sog. **Porten,** einem im 13. Jahrhundert errichteten Torbau, der ursprünglich als Herberge und Pilgerspital diente, ein Weg in den **Stiftspark** ab, der ebenfalls in die ehemalige Befestigung einbezogen ist – trotz des steilen Anstiegs eine schattige Alternative zur Straße. Dass hier einmal ein barocker Tiergarten voller Hirsch- und Damwild war, ist dem etwas vernachlässigt wirkenden und vielleicht deshalb wenig beachteten Areal nicht mehr anzusehen. Abt Ambros Beczizcka (1780–1861), dessen Liebe nicht den Tieren, sondern den Pflanzen galt, ließ seltene Exemplare per Schiff von Übersee nach Hamburg und von dort weiter nach Lilienfeld liefern. 415 ver-

83

*Am Klösterpunkt*

Über einen Wanderweg mit Blick auf die südlich des Stifts angelegten Fischteiche und über die Liftstraße wird die Einstiegsetappe zur **Talstation des Sessellifts** abgeschlossen. In einem der schaukelnden Sessel Platz zu nehmen kommt für unerfahrene Liftbenutzer einer kleinen Mutprobe gleich, schwebt doch, wer einmal sitzt, 20 Minuten lang mutterseelenallein durch die Luft. Beruhigend ist dabei jedoch die Auskunft des Betriebsleiters, dass der letzte, 1963 errichtete Einser-Sessellift Niederösterreichs zwar nostalgisch wirkt, seit einer Generalsanierung 1994 aber auf dem neuesten Stand der Technik gehalten werde. Wer die einsame Fahrt antritt, wird belohnt mit Bergluft und einer Waldesruhe, die nur vom Rauschen des Lilienfelder Wasserfalls unterbrochen wird. Schade, dass eine Fahrt mit öffentlichen Verkehrsmitteln nicht immer derart erholsam ist.

## Skifahrer ohne Angst

Sommerliche Existenzgrundlage des Lifts sind die zahlreichen Hütten und Almen oben am **Muckenkogel,** mit seinem herrlichen Panorama ein beliebtes Wander- und Ausflugsziel. Am Spielplatz neben der Bergstation macht eine Informationstafel mit einem wahrhaft Unerschrockenen bekannt: Mathias Zdarsky hat zu seinen Lebzeiten nicht nur die Stahlsohlenbindung und die alpine (Lilienfelder) Skifahrtechnik entwickelt, sondern auch ein Biwakzelt erfunden und Lawinen erforscht.

Auf Zdarskys unsichtbaren Skispuren klettern wir hinauf auf den Gipfel des 1248 Meter hohen Muckenkogels, wo 1905 der erste Torlauf der alpinen Ski-

schiedene Gewächse soll ein Verzeichnis aus dem Jahre 1868 auflisten. Dieser Sammeleifer des Botanikers führte dazu, dass heute die österreichweit größten Exemplare von Tulpenbäumen im Stiftspark wachsen. Zu ihren Nachbarn gehören der Mammutbaum, der Katsurabaum, die Einblättrige Esche und – quasi als Lokalmatador – die nach dem Lilienfelder Botaniker Pater Gerhard Schirnhofer (1819–1901) benannte Schirnhofer-Rosskastanie. Die geschwungenen Wege und der im klassizistischen Stil erbaute, renovierungsbedürftige **Tempel** zeugen vom Geschmack des frühen 19. Jahrhunderts. Etwas ratlos in Bezug auf Ursprung und Funktion umrundet man ein Rondell am oberen Rand des Parks, bevor man ihn durch die Mauer, die im Jahr 1683 zum Schutzwall gegen die anstürmenden Osmanen verstärkt wurde, wieder verlässt.

geschichte gestartet wurde. Heute machen hier Wanderer nach dem steilen Aufstieg Pause und genießen den Rundblick. Wie viele von den am **Klösterpunkt** beschilderten Stiften und Klöstern tatsächlich zu sehen sind, hängt vom Wetter ab. Melk und Herzogenburg liegen ja doch fast 35 Kilometer, Göttweig fast 43 Kilometer entfernt. Um den 62 Kilometer entfernten Stephansdom oder gar das 94 Kilometer entfernte Stift St. Florian erkennen zu können, müssen Sicht und Augen schon sehr gut sein.

An der Sendeanlage, die sich auf dem Gipfel breitmacht, drängt sich ein Pfad vorbei, der zur Zufahrtsstraße führt und damit einen bequemen Rückweg ermöglicht. Auf Höhe der Bergstation angekommen, geht es mit Aussicht auf den Ötscher in die entgegengesetzte Richtung bergab bis zur Klosteralm (❯ S. 82), die schon im frühen Mittelalter als „Grangie" des Stiftes bewirtschaftet wurde und neben Forst, Jagd und Fischereibetrieb immer noch die Existenz des Stift sichert. Seit 1822 wird hier jedes Jahr am 8. September zum Almabtrieb eine Messe gelesen.

Wer nicht in der Klosteralm einkehrt, sondern durch saftige Wiesen mit grasenden Kühen weiter talwärts geht, kann sich vor dem Abstieg durch den Wald in der **Lilienfelder Hütte** stärken. Die Portion Schweinsbraten, Kartoffelknödel und Kraut ist mehr als groß genug, um den Weg ins Tal über den Jägersteig zu bewältigen, der unterhalb der Hütte in den Wald sticht und zunächst in Serpentinen bis zur Senke der schönen Wiese unterhalb des **Spitzbrandkogels** führt. An seinem Hang geht es durch den Wald Richtung Lilienfeld, wobei

## Grangien

Grangien (lat. *granum*, dt. Korn) bezeichneten ursprünglich Getreidespeicher, später den gesamten Gutskomplex. Die wirtschaftlich erfolgreichen Zisterzienser betrieben zahlreiche solcher Güter, die v. a. dadurch entstanden, dass ihnen unbebautes Land gestiftet und von Laienbrüdern sowie Lohnarbeitern erschlossen wurde.

Die meisten Grangien gab es im 12. und 13. Jahrhundert. War das gestiftete Land bereits bewohntes Land, wurde versucht, die Pächter mithilfe einer Abfindung zu verdrängen, um das Land rechtlich zu vereinheitlichen und den Betrieb rationeller zu machen. Rein gewinnorientiert betrachtet, war diese Wirtschaftsform in einer Zeit, in der die mehr und mehr zersplitterte traditionelle Grundherrschaft unrentabel geworden war, sehr modern.

eine Schneise nochmals einen schönen Ausblick auf das Stift ermöglicht. Bevor man wiederum den Stiftspark erreicht, schnuppert man noch einmal Almluft: Auf der Weide oberhalb vom **Chineser,** einem Aussichtsturm am Pater-Exinger-Weg, wächst das Gras so reichlich, dass die Kühe mit dem Verzehr kaum hinterherkommen.

## Erzählung vom Liebeswerk

85

Durch die barocken Höfe geht es zum mittelalterlichen Kern von **Stift Lilienfeld,** also zur Kirche und dem südlich gelegenen **Kreuzgang.** Gleich daneben befin-

*Stiftskirche in Lilienfeld*   *In der Bibliothek*

det sich im ehemaligen Parlatorium der Eingangsbereich. Nur ein Tor trennt ihn vom größten noch erhaltenen mittelalterlichen Kreuzgang Österreichs, dessen Rund- und Spitzbögen seinen Ursprung am Übergang von der Romanik zur Gotik belegen. Teils durch klare Scheiben, teils durch bunte Glasfenster aus dem 14. und dem 19. Jahrhundert fällt das Sonnenlicht in das Kreuzrippengewölbe. Zwar spielt Umberto Eco in seinem Roman *Der Name der Rose* auf Stift Melk (➤ Tour 11) an, doch seinen Mönch William von Baskerville und seinen Novizen Adson von Melk sieht man viel eher hier ermitteln, im Kreuzgang und im **Brunnenhaus,** das allerdings nur wie ein Prototyp mittelalterlicher Baukunst aussieht, tatsächlich aber 1886/87 das bei einem Stiftsbrand zerstörte Original ersetzte.

Auch in der **Bibliothek** hätten William und Adson zum Zeitpunkt der Handlung

1327 noch nicht des Rätsels Lösung finden können, gehört sie doch zu den barocken Bauteilen des Stifts: Die Stuckdekoration des **Prunksaals** lässt kaum Platz für die Darstellungen von Gelehrten des Zisterzienserordens, und die Bücherschränke tragen nicht nur schwer an ihrem Inhalt – die Bibliothek umfasst rund 40.000 Werke –, sondern auch an Schnitzereien und Intarsien. Wie bei einer Führung zu erfahren ist, wurden für eine mittelalterliche Handschrift die Häute einer ganzen Schafherde verwendet, was Pergament zum höchst kostbaren Schreibstoff für die Skriptoren machte. Einen wertvollen Beitrag zum Bibliotheksbestand seiner Zeit leistete Abt Ulrich von Lilienfeld (vor 1308–vor 1358): Nach seiner Amtszeit, die 1351 endete, widmete er sich ganz der Niederschrift seiner *Concordantiae Caritatis (Übereinstimmungen der Liebe)*. In mehr als 200 Predigtskizzen und einem 21 Kapitel umfassenden Bilderkatechismus ermahnt Ulrich seine Mitmenschen zur Gottes- und Nächstenliebe, erzählt aber auch vom schon vollbrachten Liebeswerk Gottes, von dem Natur und Bibel seiner Auffassung nach gleichermaßen zeugen.

Mit großer Umsicht handelte ein Nachfolger Ulrichs 1683: Als die Osmanen näherrückten, ließ Abt Matthäus Kolweiß (1620–1695) das Stift rechtzeitig sichern und mit ausreichend Vorräten für eine lange Belagerung ausstatten. Gemeinsam mit der Bevölkerung verteidigten die Mönche Lilienfeld neun Wochen lang, bis Wien befreit wurde und das osmanische Heer abrückte.

Zu einer gelungenen Melange aus Spätromanik, Frühgotik und Barock ist die **Stiftskirche** verschmolzen. Die hellen Mauern mit den Rundbogenfenstern bilden einen kräftigen Kontrast zu den barocken Einrichtungsgegenständen: **Chororgel, Hochaltar** und **Kanzel** sind aus schwarzem Türnitzer Marmor angefertigt. 1703 wurde die Westempore eingebaut, wobei es eine gute Idee war, die großen Fenster an der Westfront trotz des Aufstellens der Orgel 1767 frei zu lassen. Weil bis zum Sonnenuntergang Licht hineinströmt, wirkt die imposante Basilika trotz der dunklen Ausstattung freundlich.

Die Führung endet an der Tür, die vom Querhaus, das zusammen mit dem Chorquadrat der älteste Teil des 1202 begonnenen Kirchenbaus ist, hinüber in den Osttrakt des Klosters führt. Schließlich haben die etwa 20 Brüder, die die Gemeinschaft heute umfasst, noch anderes zu tun: Einige sind als Lehrer tätig,

*Kreuzgang im Stift Lilienfeld*

die meisten aber widmen sich als Pfarrer der Seelsorge. Zu den Aufgaben, die im Stift selbst anfallen, seitdem es Mönche aus Heiligenkreuz (➤ Tour 4) 1206 besiedelten, gehören die Verwaltung der Klostergüter, die Pflege älterer und kranker Mitbrüder und natürlich fünfmal täglich ein Gebet.

Mit dem Hinaustreten auf das sonnenhelle **Platzl** verfliegt der letzte Rest mittelalterlicher Atmosphäre – *Der Name der Rose* ist eben doch nur ein Roman. Bei den Porten allerdings, jenem schon vom Beginn der Wanderung bekannten mittelalterlichen Torbau, den man auf dem Rückweg zum **Bahnhof** unterquert, wird man plötzlich wieder unsicher. Hat nicht gerade Adson von Melk aus einer der dunklen Fensterhöhlen geschaut?

## Pilgern & entdecken

▸ **Stift Lilienfeld,** Klosterrotte 1, 3180 Lilienfeld, www.stift-lilienfeld.at. Geöffnet ganzjährig, Besichtigung des Kreuzgangs Mo. bis Sa. 9–12 Uhr, 13.30–16.30 Uhr, So. & Feiertag 13.30–16.30 Uhr; Stiftsführungen Mo. bis Sa. um 10 & 14 Uhr, So. & Feiertag sowie zwischen Oktober & März generell nur um 14 Uhr; Chorgebet von Juni bis Oktober um 12.45 Uhr in der Stiftsbasilika; Gästetrakt.

## Erleben & besichtigen

▸ **Porten,** Platzl 2, 3180 Lilienfeld
▸ **Klösterpunkt,** Muckenkogelgipfel

▸ **Stiftspark** südwestlich des Stifts, 3180 Lilienfeld

## Einkehren & genießen

✕ **Gasthof Ebner,** Zdarskystraße 10, 3180 Lilienfeld, www.gh-ebner.at
☕ **Café-Konditorei Felbermayer,** Zdarskystraße 6, 3180 Lilienfeld

✕ **Almgasthaus Klosteralm** auf dem Muckenkogel
✕ **Lilienfelder Hütte,** Gschwendt 1, 3180 Lilienfeld, www.lilienfelder-huette.at

## Hinkommen & gehen

**Länge:** 9,2 km
**Gehzeit:** ca. 3 h 15 min
**Anfahrt/Rückfahrt:** Regionalzug bis/ab Lilienfeld Bhf.
**Mit dem Auto:** Parken am Bahnhof Lilienfeld
**Route:** Vom Bhf. Richtung Zentrum, bei den Porten ❶ rechts hinauf über die Wiese zum Stiftspark ❷, hinter dem Mauerdurchlass rechts die Stufen hinauf, unterhalb des Aussichtshäuschens und vorbei am „Rondell" zum oberen Ausgang des Parks, dahinter links in den gelb markierten Weg oberhalb der Fischteiche, rechts in die Liftstraße, rechts in den Fallgraben bis zur Talstation und mit dem Sessellift zur Bergstation. Dort hinter dem Spielplatz links Richtung Klösterpunkt, dabei erst über die asphaltierte Zufahrtsstraße zur Sendeanlage, dann rechts über die Klöstertreppe und den Steig steil hinauf zum Klösterpunkt ❸. An der Sendeanlage vorbei, dahinter links über die Zufahrtsstraße zurück bis zum Spielplatz an der Bergstation, dort jedoch links bis zur Klosteralm. Rechts zur Lilienfelder Hütte, unterhalb links in den rot markierten Jägersteig. Links in den ebenfalls rot markierten Spitzbrandweg nach Lilienfeld, dann rechts in den blau markierten „Leitner-Weg zum Hochbehälter Wiesberg und zum Stiftspark". Bergab erst durch den Wald, dann im Zickzack über eine Weide zum untersten Punkt, wo es einen Durchgang im Zaun gibt. Durch den Mauerdurchlass gegenüber wieder in den Stiftspark und leicht rechts haltend hinunter zum östlichen Ausgang. Straße queren und durch die Innenhöfe des Stifts Lilienfeld ❹ zur Pforte, nach der Besichtigung

durch das Haupttor, über das Platzl und durch die Zdarskystraße zurück zum Bhf.
**Kürzere Alternativroute ohne Sessellift** (4,1 km; ca. 2 h): Vom Bhf. rechts auf der
Zdarskystraße Richtung Westen, nach etwa 200 Metern beim Schild „Aufgang zum
Pater Exinger-Weg" links hinauf in den Wald, an der Weggabelung nicht links Richtung Lilienfeld, sondern rechts parallel zur Bundesstraße Richtung Westen halten,
dann dem blau markierten „Felix Richter-Weg über Richterruhe" folgen und entlang
des Hangs erst zum Rastplatz Richterruhe und von dort weiter zur Ulreichshöhe auf-
steigen, dabei im letzten Abschnitt der Ausschilderung „Leitner-Weg über Mühllei-
tenriegel zur Ulreichshöhe" folgen. Vom Aussichtspavillon zurück bis zur Wegkreuzung, an der der ebenfalls blau markierte „Leitner-Weg zum Hochbehälter Wiesberg
und zum Stiftspark" abzweigt. Von dort wie oben beschrieben hinunter zum Stift und
zurück zum Bhf.

89

# 8 Fata Morgana über der Wachau

# Von Paudorf über Waxenberg und St. Blasien zum Stift Göttweig

Das vom Donautal bei Krems weithin sichtbare Kloster auf dem Gipfel des Göttweiger Bergs demonstriert bis heute die beherrschende Stellung, die es mit seiner Gründung Ende des 11. Jahrhunderts in der Region eingenommen hat. Wer durch die umliegenden Wälder streift, stößt immer wieder auf Spuren der Mönche, z. B. auf die Kirche St. Blasien in Klein-Wien und auf die Göttweiger Mammutbäume. Einen außergewöhnlichen Blick von oben auf das Benediktinerstift beschert der Gipfel des Waxenbergs.

## Stille Riesen im Wald

Während sich manche Klöster wie etwa das Zisterzienserstift Zwettl (➤ Tour 14) in einem Tal verstecken, thront Göttweig, um 1072 vom Passauer Bischof Altmann als Chorherrenstift gegründet und 1083 geweiht, weithin sichtbar auf dem gleichnamigen Berg. Wer beim Besuch des Museums auf den Balkon des Kaiserzimmers hinaustritt, erfasst die Stellung, die das Stift über Jahrhunderte eingenommen hat, mit einem Blick auf das überwältigende Panorama: Flankiert im Westen von der Burgruine und der barocken Kirche des ehemaligen Stifts Dürnstein (➤ Tour 9) und im Osten vom Kraftwerk Theiß, scheint das auf rund 420 Metern Seehöhe gelegene Kloster die Region bis heute zu beherrschen. Nachdem es 1094 von den Benediktinern übernommen worden war, wurde es nicht nur zum geistig-geistli-

chen Mittelpunkt der Region, sondern auch zu ihrem Herrschafts-, Verwaltungs- und Wirtschaftszentrum. Selbst die Bahn hat sich vom Göttweiger Berg, um dessen Fuß sie sich schmiegt, die Streckenführung diktieren lassen. Wer in **Paudorf** aussteigt und durch die Untere Zellerstraße Richtung Norden geht, wird an den Zeller Weg erinnert, einen 1360 urkundlich belegten Pilgerweg von Böhmen nach Mariazell, an dem u. a. die Kirche St. Blasien steht. Bevor wir sie erreichen, öffnet jedoch zunächst der Bruckweg das Tor zur **Göttweiger Wald-Erlebniswelt,** die der Forstbetrieb des Stifts mit dem Land Niederösterreich und dem Ökogymnasium der Englischen Fräulein in Krems Anfang des 21. Jahrhunderts gestaltet hat. Ein Lehrpfad verkürzt den knapp einstündigen Weg hinauf zu den **Göttweiger Mammutbäumen,** ausgesät 1880 von Adalbert Dungel, der von 1877

91

*Im Arboretum*

*Schlafgemach in den Fürstenzimmern*

bis 1886 Waldmeister von Stift Göttweig war. Mittlerweile zu stattlichen Exemplaren herangewachsen, bilden die 16 *Wellingtonia gigantea* einen in seiner Größe in Österreich einzigartigen Bestand. Im Schatten der stillen Riesen strahlenförmig aufgestellte Bänke laden zu einer meditativen Liegepause mit Blick in die weit entfernten Kronen ein.

Gesellschaft bekommen die Mammutbäume auf dem Plateau des **Eichbergs** nicht nur von Wanderern, sondern auch von anderen Nadelbäumen aus aller Welt: Engelmannsfichte, Japanische Sicheltanne, Koreatanne, Mongolische Weißkiefer, Kalifornische Flusszeder und viele andere haben sich mitten im Wald zu einem **Arboretum** versammelt. Wer sich Zeit nimmt für die Nuancen in dem aus verschiedenen Grüntönen gemalten Naturbild, erkennt darin kauzi-

ge Individuen wie die Schlangenfichte, deren lange Äste ein Eigenleben zu führen scheinen. Zahlreiche Picknicktische und ein Pavillon machen die nach dem Waldmeister benannte **Adalbert-Rast** zu einem fast allwettertauglichen Pausenplatz, bevor es weiter Richtung Waxenberg geht.

## Schmankerl für Kulturhungrige

Schon vor dem Anstieg gibt die Aussicht unterhalb des sog. **Sandplatzes,** einer von Bäumen bestandenen Anhöhe, die nur vom Namen her an Tennis denken lässt, einen Vorgeschmack auf den Blick vom felsigen Gipfelplateau des **Waxenbergs.** Da man die letzten 100 Meter von Westen her absolviert, taucht das Stift so unerwartet trügerisch wie eine Fata Morgana erst im letzten Moment im Sichtfeld auf, bevor

*Aussicht vom Balkon des Altmanni-Saals von Stift Göttweig Richtung Nordosten*

sich der Berg auf der anderen Seite ins Fladnitztal hinunterwirft. Also keinen Schritt weiter, sondern stattdessen von der Bank neben dem Gipfelkreuz die ungewohnte Vogelperspektive auf das Stift genießen.

Dann rückt die Erkenntnis in den Vordergrund, dass es mit dem Anstieg auf den Waxenberg nicht getan war, sondern wir auch wieder hinunter ins Tal der Fladnitz und v. a. wieder hinauf auf den Göttweiger Berg gehen müssen, um zum Stift zu gelangen. Aber erstens ist wenigstens Teil eins schnell erledigt und zweitens wartet unten in **Klein-Wien** mit **St. Blasien** ein Schmankerl für kulturhungrige Wanderer: Erbaut wurde die Kirche des ehemaligen Frauenklosters wahrscheinlich von jenen Mönchen, die das Kloster St. Blasien im Schwarzwald 1094 nach Göttweig entsandt hatte, um das wenige Jahre zuvor

gegründete Chorherren- in ein Benediktinerstift umzuwandeln. Die romanischen Fundamente wurden 2004 bei einer Renovierung entdeckt, ebenso das acht mal zwei Meter große Fresko *Jesus und die zwölf Apostel,* mit dem die 1435 im gotischen Stil neu errichtete Kirche geschmückt wurde.

In das Frauenkloster, das um 1200 auf den Göttweiger Berg verlegt wurde, soll sich die älteste bekannte deutsche Dichterin Frau Ava (um 1060–1127) nach dem Tod ihres Mannes zurückgezogen haben, wobei manches darauf hindeutet, dass ihr Rückzugsort auch Melk (❯ Tour 11) gewesen sein könnte. In Klein-Wien erinnert jedenfalls die **Ava-gasse** unterhalb von Kirche und Friedhof an die mutmaßliche Bewohnerin, die möglicherweise Mutter des ersten Göttweiger Abtes Hartmann war.

93

## Wassermangel auf dem Berg

Wer über den zumeist einsamen Serpentinensteig von Klein-Wien hinauf zum **Stift Göttweig** klettert (➤ S. 90), landet fast zwangsläufig auf einer der Bänke am Aussichtspunkt auf der südwestlichen Seite, die einen herrlichen Blick zurück auf den Gipfel des Waxenbergs und den Bergfriedhof mit der kleinen Kirche St. Blasien an seinem Fuß ermöglichen. Bei sommerlicher Wärme lässt sich leicht nachvollziehen, dass die demonstrative Lage, die Stift Göttweig nach dem 529 auf einem Berg zwischen Rom und Neapel gegründeten Mutterkloster der Benediktiner den Beinamen „Österreichisches Montecassino" eintrug, viele Jahrhunderte lang einen gravierenden Nachteil hatte: Wassermangel. Zwar waren bis 1718 etwa sieben Brunnen bzw. Zisternen mühsam in das harte Gestein gegraben worden, um das Regenwasser zu speichern, doch bei längeren Trockenperioden mussten die Mönche das Wasser mit Pferdefuhrwerken vom Altmanni-Brünnl am Fuß des Bergs heraufholen. 1721 ging mit der ersten Wasserleitung des Stifts ein technisches Meisterwerk in Betrieb: Pferde trieben Pumpen an, die das Wasser von der Quelle in Klein-Wien durch Bleirohre zum Kloster beförderten. Dass die Leitung überhaupt gelegt wurde, war Folge eines verheerenden Feuers am 18. Juni 1718, welches das gesamte Kloster mit Ausnahme der Stiftskirche zerstörte: Zum einen sollte eine derartige Katastrophe künftig verhindert werden, zum anderen wurde für den Neubau viel Wasser benötigt. Sowohl die Wasserleitung als auch die barocke Idealvorstellung des Stifts hat

Salomon Kleiner (1700–1761) in mehreren Kupferstichen für die Nachwelt festgehalten. Sie sind Bestandteil der Grafischen Sammlung von Stift Göttweig, nach der Albertina in Wien die zweitgrößte Österreichs. Zwar ist sie nur für Studienzwecke zugänglich, doch in digitalisierter Form lassen sich die wertvollen Stiche jederzeit betrachten (www.gssg.at). Wer Salomon Kleiners Ansichten des geplanten Stifts, das es an Pracht mit jeder barocken Schlossanlage hätte aufnehmen können, mit der Wirklichkeit vergleicht, vermisst ganze Trakte und die Kuppel der Kirche. Wer genau hinsieht, erkennt das Unvollendete bis ins Detail hinein: So sind manche Fenster und sogar die Uhren auf einem der beiden **Kirchtürme** nur aufgemalt – hier wurde also nicht nur Geld, sondern auch Zeit gespart. Obwohl vom Plan des Barockarchitekten Johann Lucas von Hildebrandt (1668–1745) nur knapp zwei Drittel verwirklicht wurden, umfasst das Stift 450 Räume. Einige der prunkvollsten sind zu besichtigen, wobei ausgerechnet ein **Stiegenhaus** Göttweigs künstlerisches Glanzlicht bildet: Dass der dreistöckige Eingangsbereich des **Kaisertrakts** mehr als repräsentativ ist, zeigt sich nicht nur beim Blick nach oben auf das 300 Quadratmeter große Deckenfresko, mit dem Paul Troger 1739 das größte barocke Treppenhaus Österreichs krönte. Von den fensterlosen Seiten der lichtdurchfluteten Halle blicken mit Rubens, Rembrandt, Dürer, Michelangelo, da Vinci und Raffael die berühmtesten Künstler der Spätgotik und Renaissance auf jene Herrschaften herab, die die Stufen erklimmen.

94

*Aussicht vom Waxenberg auf Stift Göttweig*

Oben in den prächtig ausgestatteten **Fürstenzimmern** fanden reisende Adelige standesgemäß Unterkunft: Türen in den mit kostbaren Tapeten bedeckten Wänden verbanden die Säle mit jeweils einem Schlafzimmer. Am Altmanni-Saal ist trotz der prächtigen Ausstattung v. a. das unvergesslich, was draußen zu sehen ist: das Panorama des Donautals von Dürnstein bis Stockerau. An den Saal schließen die drei Kaiserzimmer an, in denen die Wände mit ihren Leinwandtapeten, Gobelins, Ölbildern und einem venezianischen Spiegel aus den 1740er-Jahren die Blicke der Besucher auf sich ziehen.

Wer barocken Luxus erleben möchte, kann die ehemaligen äbtlichen Wohnräume als **Benedikt-Apartment** mieten. Der Raum hinter der barocken Fassade der **Stiftskirche** ist dagegen in seinen romanisch-gotischen Grundmauern er-

halten geblieben. So groß, vielfältig und betriebsam die Stiftskirche ist, so klein, schlicht und ruhig ist die **Kapelle** auf der kleinen Anhöhe gegenüber, die wahrscheinlich auf die 1072 geweihte Entrudiskirche zurückgeht. Auch an der sog. **Burg,** in der die bereits erwähnte Grafische Sammlung aufbewahrt wird, ist die barocke Neugestaltung spurlos vorübergegangen.

Durch den Wald, der Stift Göttweig seit jeher umhüllt, führt die letzte Etappe der Wanderung an der Ostflanke des Bergs hinunter nach **Furth.** Der steinige, wurzelige Steig ist Teil des österreichischen Jakobswegs. Dass man auf dem richtigen Weg ist, zeigt aber auch ein stilisiertes W auf weißem Grund, Markierung des 180 Kilometer langen Welterbesteigs durch die Wachau, der Stift Göttweig selbstverständlich nicht links liegen lässt.

95

**Tour 8**

## Pilgern & entdecken

▸ **St. Blasius-Kirche mit Bergfriedhof,** 3511 Klein-Wien, www.pfarre-paudorf.com
▸ **Stift Göttweig,** 3511 Stift Göttweig, www.stiftgoettweig.at. Stiftskirche, -hof & Klostergang mit alter Apotheke frei zugänglich; Museum im Kaisertrakt geöffnet von Ende März bis Allerheiligen tägl.

10–18 Uhr, Juni bis September ab 9 Uhr, mehrmals tägl. Führungen; Mittagsgebet um 12 Uhr, Vesper um 18 Uhr in der Stiftskirche; Gästezimmer und Kurse im Exerzitienhaus St. Altmann; barock ausgestattetes Benedikt-Apartment; Jugendhaus; Konzerte, Veranstaltungen.

## Erleben & besichtigen

▸ **Göttweiger Wald-Erlebniswelt,** westlich von Paudorf
▸ **Mammutbäume mit Arboretum & Adalbert-Rast,** westlich von Paudorf

▸ **Waxenberg** mit Gipfelkreuz und Aussicht auf Stift Göttweig

## Einkehren & genießen

✕ **Landgasthof Schickh,** 3511 Klein-Wien, www.schickh.at

✕ **Stiftsrestaurant Göttweig,** 3511 Göttweig, www.stiftgoettweig.at

## Hinkommen & gehen

**Länge:** 12,0 km
**Gehzeit:** ca. 4 h
**Anfahrt:** Regionalzug bis Paudorf Bhf.
**Rückfahrt:** Regionalzug ab Furth-Göttweig Bhf.
**Mit dem Auto:** Parken am Bhf. Paudorf, Routenbeschreibung bis zum Stift Göttweig folgen, von dort westlich der Zufahrtsstraße über den Wanderweg P2 via Predigtstuhl zurück nach Paudorf.
**Route:** Am Bhf. Paudorf Richtung Norden zur Bahnhofstraße, dort links in die Untere Zellerstraße, nach dem Queren der Bahnstrecke rechts, nach rund 500 m links in den Bruckweg. Ab der Tafel am Waldrand dem Lehrpfad durch die Göttweiger Wald-Erlebniswelt ❶ folgen (Wegweiser: hölzerne Raupe), erst über eine Forststraße, dann über einen Waldweg zu den Mammutbäumen, zum Arboretum und zur Adalbert-Rast ❷. Danach weiter ohne Höhenunterschied Richtung Westen auf einem zunächst gelb markierten Waldweg, der nach dem Queren einer Forststraße („Wanderweg Paudorf 5 Mammutbäume") und weiteren 300 m Richtung Westen durch den Wald in eine asphaltierte Forststraße mündet, von der nach wenigen Metern rechts der Wanderweg „F2 Waxenberg" abzweigt. Dieser Weg umrundet in einer Kehre auf der östlichen Seite ein mit „Sandplatz" bezeichnetes Hochplateau und mündet in eine Forststraße, die nach rechts hinunter in den Heugraben führt. An der Wegkreuzung im Heugraben der Ausschilderung

„P3" bzw. „F2 Waxenberg" folgen und über eine Forststraße Richtung Norden bis zur Abzweigung „P3 Waxenberg" gehen (Achtung, nicht schon bei „F2" abbiegen!). Von dort Abstecher auf den Gipfel des Waxenbergs ❸. Nach der Rückkehr zur Forststraße weiter dem Wanderweg „P3 Waxenberg" folgen, also bei der nächsten Kreuzung links und auf der Forststraße hinunter bis Klein-Wien. Oberhalb des Orts rechts halten und über den Friedhof St. Blasien ❹ hinunter zur Avastraße. Fladnitz und Bahnstrecke queren, rechts vorbei am Landgasthof Schickh und auf dem Steig durch den Wald hinauf zum Stift Göttweig ❺. Nach der Besichtigung südöstlich des Stifts an der Gabelung der Zufahrtsstraße links in den Waldweg Richtung Furth Kirchenplatz (F3, Abschnitt des Österreichischen Jakobswegs). Am Ortsrand links in den Villenweg, gleich darauf links in die Obere Landstraße und vor der Unterführung rechts hinauf zum Bhf. Furth-Göttweig.

97

# 9 | Theater im Kreuzgang

# Von Krems über den Welterbesteig zum Stift Dürnstein

Zahlreich, aber allesamt längst aufgehoben sind die Klöster in Krems an der Donau, Stein und Dürnstein. Wo einst Dominikaner, Kapuziner, Redemptoristinnen, Minoriten, Klarissen und Augustiner-Chorherren beteten und arbeiteten, sind heute Museen, Ausstellungs- und Veranstaltungsräume, Restaurants und sogar eine Justizanstalt untergebracht. Den Bogen zwischen profaner Gegenwart und sakraler Vergangenheit schlägt der Wein, der seit Ende des 10. Jahrhunderts in der Region angebaut wird und dessen Terrassen sich ideal für eine Panoramawanderung durch die Wachau eignen.

## Gefangen im Kloster

Fast durchgehend einen herrlichen Blick auf die Flusslandschaft der Wachau gewährt der 180 Kilometer lange **Welterbesteig**. In 14 Etappen verbindet der Höhenweg alle 13 Gemeinden sowie Stift Göttweig (➤ Tour 8) miteinander. Wer bislang Schiff und Fahrrad für die Verkehrsmittel der Wahl hielt, um die reizvolle Kulturlandschaft zu entdecken, könnte seine Meinung auf der ersten Etappe des Welterbesteigs von Krems über Stein nach Dürnstein ändern – vorausgesetzt, der Tag ist nicht zu heiß, denn die Trauben gedeihen hier nicht ohne Grund so gut. Wo sich die Sonne von morgens bis abends an die Hänge schmiegt und so für eine Extraportion Wärme sorgt, wächst der Durst schnell ins Unermessliche, zumal es am Weg zwar Unmengen an Trauben, aber keinen Heurigen gibt.

Grund genug, vor dem Aufbruch in die Weinberge ein wenig länger in **Krems** und **Stein** zu bleiben, wo es neben dem Wein noch weitere Schätze mit langen Wurzeln in die Vergangenheit zu entdecken gibt. Unverkennbar mittelalterlichen Ursprungs ist die Kremser **Gozzoburg**, ein mehrteiliger Bau am Rande des Steilabfalls vom Hohen Markt zur Unteren Landstraße, benannt nach jenem Stadtrichter, der sie im 13. Jahrhundert zu einem Wohn- und Arbeitspalais ausbaute. Die von stattlichen Bürgerhäusern des 16. Jahrhunderts gesäumte Margarethenstraße führt zum Pfarrplatz, der mit **St. Veit** von einer der frühesten Barockkirchen nördlich der Alpen beherrscht wird: Von 1616 bis 1630 wurde auf den Resten der mittelalterlichen Kirche ein Neubau errichtet, der ohne die Stützpfeiler der Gotik auskommt.

99

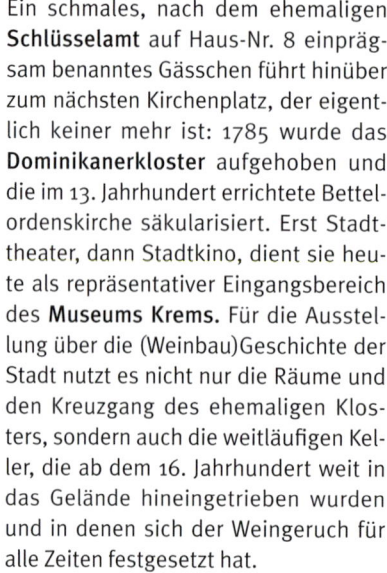

*Skulptur von Manfred Deix*

*In der Göttweigerhofkapelle*

Ein schmales, nach dem ehemaligen **Schlüsselamt** auf Haus-Nr. 8 einprägsam benanntes Gässchen führt hinüber zum nächsten Kirchenplatz, der eigentlich keiner mehr ist: 1785 wurde das **Dominikanerkloster** aufgehoben und die im 13. Jahrhundert errichtete Bettelordenskirche säkularisiert. Erst Stadttheater, dann Stadtkino, dient sie heute als repräsentativer Eingangsbereich des **Museums Krems**. Für die Ausstellung über die (Weinbau)Geschichte der Stadt nutzt es nicht nur die Räume und den Kreuzgang des ehemaligen Klosters, sondern auch die weitläufigen Keller, die ab dem 16. Jahrhundert weit in das Gelände hineingetrieben wurden und in denen sich der Weingeruch für alle Zeiten festgesetzt hat.

Das gilt zumindest im übertragenen Sinn auch für das zweite ehemalige Kloster auf dem Weg nach Dürnstein, das nach seiner Auflösung zunächst als Militärspital, nach einem Umbau von 1987 bis 2002 aber als Weinkolleg genutzt wurde. Heute verbergen sich hinter den ockergelben Mauern des Anfang des 17. Jahrhunderts gegründeten **Kapuzinerklosters** und seiner Kirche ein Veranstaltungszentrum, ein Restaurant und – natürlich – eine Weinbar. Nach dem **Kloster Und** wurde der Stadtteil benannt, der in schönem Doppelsinn Krems und Stein verbindet: Weil zu Baubeginn 1614 nach heftigen Regenfällen die Donau über die Ufer trat, sprach man vom *Claustrum ad undam*, also vom „Kloster zur Welle".

Mit der Kunstmeile, die sich mit dem **Karikaturmuseum**, der **Kunsthalle** und der neuen **Landesgalerie** v. a. der zeitgenössischen Kunst verschrieben hat, erreicht man die Justizanstalt Stein, deren Gebäude zum Teil ebenfalls eine klös-

*Museum Krems im ehemaligen Dominikanerkloster*

terliche Vergangenheit haben. Sie währte allerdings rekordverdächtig kurz: Bereits 1852 wurde aus dem 1843 fertiggestellten **Redemptoristinnenkloster** eine **Strafanstalt.**

## Törichte Jungfrauen

Hinter jeder Menge Gegenwartskunst versteckt sich jenseits der Dr.-Karl-Dorrek-Straße in einem ehemaligen **Wirtschaftshof von Stift Göttweig** (➤ Tour 8) ein mittelalterliches Meisterwerk. Für eine exklusive Zeitreise ins 14. Jahrhundert lässt sich in der Touristeninformation in der Utzstraße gleich neben dem Stadtpark ein Schlüssel ausborgen. Handgroß und gewichtig ob der Vergangenheit, die er erschließt, passt er in die Tür zur **Göttweigerhofkapelle,** die sich über der Tordurchfahrt den Blicken der Passanten entzieht. Eine schmale Trep-

pe führt hinauf zur Steinigung und Enthauptung des heiligen Matthias im Vorraum, zum Marientod in der Kapelle und zu den Törichten und den Klugen Jungfrauen in den Fensternischen des Oratoriums. Die Bilderwelt, die die Wände zum Leben erweckt, ist zwar verblasst, ihre Wirkung aber unverändert stark. Wer die Tür mit dem schweren Riegel wieder versperrt hat, geht mit der Gewissheit, dass Krems auch unter der hübschen Oberfläche Schönes zu bieten hat.

Von der mittelalterlichen Kunst ist es nur ein Sprung zum **Forum Frohner,** das im vierten ehemaligen Kloster auf dem Weg nach Dürnstein untergebracht ist. Benannt nach und inspiriert von dem Maler, Grafiker und Bildhauer Adolf Frohner (1934–2007), werden in dem 1727 erbauten **Minoritenkloster** wechselnde Ausstellungen gezeigt. Die süd-

101

*Blick vom Welterbesteig auf die Donau*

lich angrenzende **Basilika,** entstanden an der Schwelle von der Spätromanik zur Frühgotik und wie das Kloster 1796 profaniert bzw. aufgehoben, wird gerne von Chören für Tonaufnahmen genutzt. Noch als Pfarrkirche im Dienst ist dagegen die **St.-Nikolaus-Kirche,** bei der die Promenade durch die von früheren Stiftshöfen und Einkehrgasthöfen, repräsentativen Handelsbürgerhäusern und einfachen Ackerbürger- und Handwerkerhäusern eindrucksvoll gesäumten Steiner Landstraße endet. Vor dem Erklimmen der Stiege zur ebenfalls längst profanierten **Frauenbergkirche** lohnt sich ein Abstecher in die Galerie des Hauses der Regionen, in der auserlesenes Kunsthandwerk aus Österreich und Europa präsentiert wird.

Ausgerüstet mit einer Tafel Marillenschokolade fällt der Anstieg zur Felsterrasse auf der Rückseite der Pfarrkirche

wesentlich leichter. Oben, am Standort der 1380 errichteten, in josephinischer Zeit säkularisierten Frauenbergkirche, vereinen sich Aus- und Einsicht: Nachdem die Kirche 1796 von Johann Winter erworben und instand gesetzt wurde, um dort bei Hochwasser Gottesdienste abhalten zu können, gestaltete sie der Bildhauer Johann Kröll in den 1960er-Jahren als Gedenkstätte für die Gefallenen beider Weltkriege.

Vorbei am knapp 30 Meter tiefen **Felsenbrunnen zu Stein** führt eine weitere Stiege zu einem Tor in der alten Stadtmauer, von der bereits beim Göttweigerhof ein Eckturm zu sehen war. Während der Weinlese illustrieren Traktoren mit Anhängern voller Trauben den Nutzungszweck der Presshäuser entlang der Steiner Kellergasse.

*Blick Richtung Ruine Dürnstein*

*Radler bei Dürnstein*

## Panoramablick vom Welterbesteig

Nach dem Queren der Wachaubahnstrecke führt der **Welterbesteig** mit herrlichem Panoramablick auf die Landschaft zu den Quellen des Traubensafts. Von der bevorzugten Lage zeugen die bunten Früchte der Weingartenpfirsichbäume, Brombeer- und Hagebuttensträucher, die ihren Platz am Wegrand gegen die Rebstöcke behaupten. Unterhalb des **Loibenbergs** spendet ein Nussbaum neben einem Picknickplatz den bei sommerlichen Wanderungen heiß ersehnten Schatten.

Obwohl der Wein die Flora prägt, ist die Wanderung abwechslungsreich, führt sie doch auch durch kleine Waldstücke und vorbei am **Naturdenkmal Höhereck,** wo gerade die mageren Böden Artenreichtum garantieren: Knapp 100 Falterarten flattern hier über Steinfedergras

und 300 weitere Pflanzenarten. Unterhalb des von der Sonne beschienenen Höherecks erinnert das 1905 errichtete **Franzosendenkmal** an ein dunkles Kapitel der Geschichte: 100 Jahre zuvor kamen hier rund 10.000 Menschen bei einer Schlacht der österreichisch-russischen gegen die vorrückende französische Armee ums Leben.

Musikfetzen, die von einem vorbeifahrenden Flusskreuzfahrtschiff heraufwehen, holen in die Vergangenheit Versunkene ebenso zurück in die Gegenwart wie die Smaragdeidechsen, die vor den Füßen über den Asphalt huschen und das Gras auf der anderen Seite des Wegs ein wenig grüner machen, bevor sie in der Vegetation verschwinden. Kurz vor dem Ziel mutet das Gelände fast alpin an: Markante Felsnadeln formen eines der ältesten natürlichen Klettergebiete Niederösterreichs.

103

*Barocke Pracht in Stift Dürnstein: Stiftshof mit Eingang in die Stiftskirche und Blick von der Donauterrasse*

## Augustinus und die Chorherren

Die erste Regel des abendländischen Mönchtums hat Augustinus von Hippo (354–430) verfasst. Im Wesentlichen schreibt sie Ordensgemeinschaften ein von Liebe und Eintracht, Enthaltsamkeit, gegenseitigem Mahnen und gegenseitiger Kontrolle geprägtes Leben ohne persönlichen Besitz, aber mit Bereitschaft zur Unterordnung und zum regelmäßigen Beten vor.

Zu den Gemeinschaften, die nach der Augustinusregel leben, gehören die Chorherren. Ihr Name leitet sich seit dem frühen Mittelalter vom gemeinsamen Gebet der Priester an Dom- und Stiftskirchen im Altarraum der Kirche, dem sog. Chor, ab. Sowohl die Augustiner- als auch die Prämonstratenser-Chorherren sind also Gemeinschaften von Priestern mit Ordensgelübde, die im gemeinsamen Leben Geborgenheit und Rückhalt für die Erfüllung ihres Dienstes am Volk Gottes finden. In Österreich betreuen die Augustiner-Chorherren mehr als 100 Pfarren. Bei den Prämonstratensern liegt der Schwerpunkt im mitteleuropäischen Raum ebenfalls auf der Pfarrseelsorge.

Augustinus selbst wurde im heutigen Algerien geboren, wo er auch überwiegend lebte, und 391 zum Priester geweiht sowie 396 zum Bischof gewählt. Er veröffentlichte neben seiner Regel mehr als 100 theologische und philosophische Schriften. Seine *Confessiones (Bekenntnisse)* gehören zu den einflussreichsten autobiografischen Texten der Weltliteratur.

### Theatralisches Grab

Wie der menschliche Versuch eines Nachbaus dieser Felsen steht die Burgruine Dürnstein in strategisch günstiger Position hoch über der Stadt, mit der sie durch eine Mauer verbunden ist (➤ S. 98). Ebenfalls auf Felsen, aber ganz nah an und nur wenige Meter über der Donau, wurde Anfang des 15. Jahrhunderts Stift Dürnstein erbaut, dem Propst Hieronymus Übelbacher (1674–1740) später seine barocke, v. a. durch den blau-weißen Kirchturm weithin bekannte Gestalt gegeben hat. Seitdem das Kloster 1788 durch Kaiser Joseph II. aufgehoben wurde, gehört es den Augustiner-Chorherren von Herzogenburg (➤ Tour 6), die auch die Pfarre betreuen. Besichtigen sollte man das Stift im Rahmen einer Führung, denn dabei gelangt man nicht nur in den Stiftshof, die Augustinus-Ausstellung, die Kirche und die über der Donau gelegene **Terrasse** des berühmten Kirchturms, sondern auch in die Krypta und den barocken Kreuzgang voller opulenter, teils ungewöhnlicher Kunstwerke. Eines der großen Wandgemälde im Westflügel etwa zeigt eine Szene, bei der das Grab des heiligen Johannes Nepomuk geöffnet und seine Zunge unversehrt gefunden wird. In einer Nische gegenüber dem **Krippenaltar**, mit dem Johann Schmidt (1684–1761) die wichtigsten Stationen der Weihnachtsgeschichte dargestellt hat, leuchten bunte Kugeln: Antonio Galli da Bibiena (1697/1698–1774), Experte für spätbarocke Theaterbauten, hat das **Heilige Grab** mit begehbarem Kapellenraum, erhöht liegender Bühne und per-

105

*Kunst in den Weinbergen*

spektivisch gestaffelten Kulissen selbst wie ein kleines Theater gestaltet. Dabei wurde auch beim Licht nichts dem Zufall überlassen: Vielleicht beherbergt Dürnstein den einzigen Kreuzgang der Welt, in dem bunte Kugeln leuchten.

Unheimlich ist es in der **Krypta,** wo u. a. der gestaltungsfreudige Propst Übelbacher seine letzte Ruhe gefunden hat. Die von Totenschädeln wimmelnden Fresken der Unterkirche tragen dazu bei, dass man gern wieder hinaufsteigt in die ebenfalls durch und durch barocke ehemalige **Stiftskirche.** Ihre Plastiken lieferte wiederum Johann Schmidt, während die Tafelbilder v. a. von seinem Sohn Martin Johann Schmidt (1718–1801), besser bekannt als „Kremser Schmidt", stammen. Zugänglich ist die Kirche über den **Stiftshof,** dessen Gebäude heute Ausstellungsräume, eine Volksschule und Mietwohnungen beherbergen. Eine **Aus-**

stellung im Erdgeschoss macht mit Augustinus als Vater des Mönchwesens, den nach ihm benannten Chorherren und den Ordensregeln bekannt. Über den Hof mit seinem hübschen, von roten Rosen und Buchsbaumhecken umkränzten **Brunnen** führt der Weg wieder hinaus ins Klostergassl.

Wer noch Zeit bis zur Rückfahrt hat, kann sich ansehen, was vom ehemaligen, nur wenige Meter südöstlich gelegenen **Klarissenkloster** übriggeblieben ist, das 1289 in Dürnstein gegründet, aber schon 1571 wieder aufgelöst wurde. Weil das Kloster samt Kirche zunächst in den Besitz des Augustiner-Chorherrenstifts kam, wurden ihm ebenfalls die recht radikalen Umbaupläne von Propst Hieronymus Übelbacher übergestülpt. Dieser entwickelte nämlich – so würde man das heute wohl nennen – ein neues Nutzungskonzept: Aus einem Ort der

Andacht sollte ein **Getreidespeicher** für Stift Dürnstein werden. Dafür ließ Architekt Jakob Prandtauer den sakralen Schmuck aus der 1340 fertiggestellten hochgotischen Kirche entfernen, die gotischen Fenster zumauern, Zwischenböden einziehen sowie Dachreiter und Dach abtragen und durch mehrere Satteldächer ersetzen. Während die Klosterräume fürderhin ebenfalls wirtschaftlichen Zwecken dienten, ließ der Propst den Kreuzgang der Klarissen abbrechen. Nachdem Stift Dürnstein 1788 aufge-löst und in den Besitz von Stift Herzogenburg übergegangen war, übernahmen 1820 private Besitzer die Reste des Klarissenklosters. Seit 1884 gehört es der Familie Thiery, die aus dem Schifferwirtshaus ein **Hotel** machte und es nach dem englischen König Richard Löwenherz benannte, der 1192/93 in Dürnstein gefangen gehalten wurde. Im ehemaligen Klostergarten zwischen gotischer Kirche und efeuumrankter Stadtmauer sonnen sich heute Hotelgäste am Swimmingpool.

## Pilgern & entdecken

▸ **Pfarrkirche St. Veit,** Pfarrplatz 5, 3500 Krems

▸ **Göttweigerhofkapelle,** Göttweigerhofgasse 7, 3500 Krems. Schlüssel erhältlich in der Touristeninformation, Utzstraße 1, geöffnet Mo. bis Fr. 9–17 Uhr.

▸ **Pfarrkirche St. Nikolaus,** Steiner Landstraße 55, 3504 Krems-Stein

▸ **Frauenbergkirche** oberhalb der Pfarrkir-che St. Nikolaus, 3504 Krems-Stein

▸ **Stift Dürnstein,** 3601 Dürnstein 1, www.stiftduernstein.at. Geöffnet von April bis Oktober Mo. bis Sa. 9–18 Uhr, So. & Feiertag 10–18 Uhr; individuelle Besichtigung von Kirche, Donauterrasse, Stiftshof & Augustinus-Ausstellung; Führungen inkl. Kreuzgang & Krypta So. & Feiertag 12 Uhr sowie nach Voranmeldung.

## Erleben & besichtigen

▸ **Gozzoburg,** Hoher Markt 11,
3500 Krems

▸ **Museum Krems,** ehem. Dominikanerkloster & -kirche, Körnermarkt 14,
3500 Krems. Geöffnet von Mitte April bis
Anfang Juni Mi. bis So., Anfang Juni bis
Ende Oktober tägl. 11–18 Uhr.

▸ **Ehem. Kapuzinerkloster & -kirche Und,**
Undstraße 6, 3500 Krems

▸ **Karikaturmuseum Krems,** Steiner Landstraße 3a, 3500 Krems, www.karikatur-
museum.at. Geöffnet tägl. 10–18 Uhr.

▸ **Kunsthalle Krems,** Franz-Zeller-Platz 3,
3500 Krems, www.kunsthalle.at.
Nach Umbau geöffnet Di. bis So. &
Feiertag 10–18 Uhr.

▸ **Landesgalerie Niederösterreich,**
Franz-Zeller-Platz 3, 3500 Krems,
www.landesgalerie-noe.at

▸ **Forum Frohner,** ehem. Minoritenkloster,
Minoritenplatz 4, 3504 Krems-Stein,
www.kunsthalle.at/de/forumfrohner.
Geöffnet Di. bis So. & Feiertag 11–17 Uhr.

▸ **Haus der Regionen,** Donaulände 56,
3504 Krems-Stein, www.volkskultur-
europa.org. Galerie geöffnet Mo. bis Sa.
10–12 & 13–18 Uhr.

▸ **Naturdenkmal Höhereck** nördlich von
Unterloiben

▸ **Ehem. Klarissenkloster**/Hotel-Restau-
rant Richard Löwenherz, 3601 Dürnstein 8,
www.richardloewenherz.at

## Einkehren & genießen

✕ **Heurige & Gasthäuser** in Krems, Stein & Dürnstein

## Hinkommen & gehen

**Länge:** 11,2 km
**Gehzeit:** ca. 4 h
**Anfahrt:** REX bis Krems/Donau Bhf.
**Rückfahrt:** Bus WL1 ab Dürnstein Parkplatz Ost bis Krems/Donau Bhf., im Som-
merhalbjahr auch mit der Wachaubahn (www.wachaubahn.at) ab Bhf. Dürnstein-
Oberloiben oder per Schiff nach Krems
**Mit dem Auto:** Parken am Bhf. Krems
**Route:** Über den Bahnhofplatz, durch die Dinstlstraße und die Spänglergasse
Richtung Norden/Altstadt, rechts in die Untere Landstraße, hinter Nr. 37 links in
die Burgstiege, am Hohen Markt links und gleich wieder links vorbei an der Gozzoburg ❶ zur Margarethenstraße. Weiter zum Pfarrplatz, unterhalb der Pfarrkirche St. Veit ❷ zur Schlüsselamtsgasse, über den Dominikanerplatz zum Museum
Krems ❸ im ehem. Dominikanerkloster am Körnermarkt. Nach der Besichtigung
durch die Schmidtgasse zur Oberen Landstraße, rechts durch das Steinertor ❹,
links in die Utzstraße (evtl. von der Touristeninformation Schlüssel für die Göttweigerhofkapelle mitnehmen), rechts durch den Stadtpark, Schillerstraße, vorbei am Kloster Und ❺ durch die Undstraße. Durch die Steiner Landstraße zur
Kunstmeile ❻ mit Karikaturmuseum, Kunsthalle und Landesgalerie (bis zu de-

ren Fertigstellung vor dem Kunstquartier links in die Karl-Eybl-Gasse, rechts in die Ringstraße, beim Kreisverkehr rechts), dann rechts in die Dr.-Karl-Dorrek-Straße. Links in die Steiner Kellergasse, gleich wieder links durch den Göttweigerhof, vorbei an der Göttweiger Hofkapelle ❼ zur Steiner Landstraße, dort rechts bis zum Minoritenplatz mit dem ehem. Minoritenkloster und dem Forum Frohner ❽. Weiter auf der Steiner Landstraße Richtung Westen, hinter dem Haus der Regionen ❾ und vor der Pfarrkirche St. Nikolaus ❿ rechts die Stiege hinauf zur Frauenbergkirche ⓫, hinter dem Kirchturm links, vor dem Felsenbrunnen zu Stein rechts die Stiege hinauf, durch das Rebentor zur Steiner Kellergasse und von hier der Ausschilderung bzw. Markierung des Welterbesteigs durch die Weinberge vorbei am Naturdenkmal Höhereck ⓬ bis Dürnstein folgen. In Dürnstein hinunter zur Hauptstraße, dort rechts, nach ca. 200 m links durch das Klostergassl zum Stift Dürnstein ⓭. Nach der Besichtigung vom Tor aus geradeaus weiter Richtung Süden zum ehem. Klarissenkloster/Hotel Richard Löwenherz ⓮, dahinter links zurück zur Hauptstraße, rechts Richtung Südosten bis zur Bushaltestelle Parkplatz-Ost bzw. bis zum Bhf. Dürnstein-Oberloiben.

# Über Luft- und Kalvarienberg zur Kartause Aggsbach

Die Täler von Donau, Aggsbach, Mitterbach und Wolfsteinbach sowie aussichtsreiche Hügel und Höhenzüge prägen diese Wanderung. Buchstäblich im Mittelpunkt steht die ehemalige Kartause Aggsbach, die mit ihrer Atmosphäre und ihrem Angebot überrascht: Ein Förderverein hat ein Museum in den einstigen Klostergebäuden eingerichtet und anstelle der früheren Zellenhäuser einen modernen Meditationsgarten gestaltet. Sehenswert sind außerdem das Mineralienzentrum und die einstige Hammerschmiede nördlich der Kartause.

## Gespiegelte Landschaft

Wer mit dem Schiff auf der Donau oder mit dem Auto auf der Aggsteiner Straße (Südufer, B33) unterwegs ist, fährt leicht vorbei am Tal des **Aggsbachs,** der von Osten her in die Donau mündet. Dabei beherbergt das Dorf, das sich locker an den Ufern des Baches auffädelt, nur 1,5 Kilometer vom Fluss entfernt einen ganz besonderen Schatz: Die ehemalige Kartause Aggsbach, Ende des 14. Jahrhunderts gegründet und 1782 aufgehoben, strahlt bis heute kontemplative Ruhe aus. Bevor man vom breiten Donautal zum engen Mündungsbereich des Wolfsteinbachs in den Aggsbach gelangt, in den sich die Kartause gezwängt hat, lohnt eine Runde über den **Luftberg,** der an seinem Aussichtspunkt den Reiz der Wachau bündelt. Über die Wipfel von Eichen, die sich an steile Felsen klammern, geht der Blick sowohl hinunter nach Aggsbach-Markt am gegenüberliegenden Donauufer als auch stromauf- und stromabwärts, wobei sich das Landschaftsbild beinahe spiegelt: Zwischen bewaldeten Hügeln legt sich der Fluss sowohl in der einen wie in der anderen Blickrichtung in sanfte Kurven, um am Horizont hinter einer Biegung zu verschwinden. Wer einen der Schubverbände auf seinem gemächlichen Weg von Bildrand zu Bildrand verfolgt, gerät mit der Aussicht als Guru in einen entspannten Zustand, der auch beim Weitergehen anhalten dürfte. Auf dem Grat des Luftbergs bildet der Standort des Sendemasts noch einen weiteren Gipfel, bevor es wieder hinunter zum **Hartl** geht. Wer sich zu sehr in sein Inneres versenkt hat, verpasst vielleicht eine Lichtung auf der linken Seite, die einen schönen Blick auf die Ruine Aggstein bietet. Dass sie im Gegensatz zur Kartause Aggsbach als „Top-Aus-

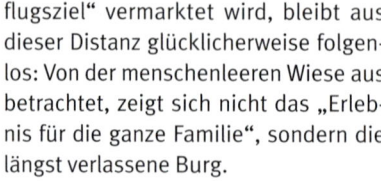

*Blick auf die Kartause Aggsbach*

*Hammerschmiede*

flugsziel" vermarktet wird, bleibt aus dieser Distanz glücklicherweise folgenlos: Von der menschenleeren Wiese aus betrachtet, zeigt sich nicht das „Erlebnis für die ganze Familie", sondern die längst verlassene Burg.

Nachdem man an der Wegkreuzung rechts abgebogen ist, schiebt sich die Kartause mit dem Turm der Pfarrkirche und den charakteristischen mittelalterlichen Wehrtürmen ins Blickfeld. Zunächst aber verleitet der **Mitterbachgraben** östlich von Aggsbach-Dorf zu einem Umweg, ist er doch ein hervorragender Spender jener Exponate, die später im Mineralienzentrum Steinstadel zu sehen sind. Die Frage, ob und wie die rostrot gefärbten Steine im Bachbett mit den blutroten Edelstein-Granaten zusammenhängen, die im Mineralienzentrum ausgestellt werden, können Experten sicherlich beantworten.

Einstweilen lässt die stille Abgeschiedenheit des Tals, das mit seinen Windungen das nahe gelegene Donautal auf bescheidene Art zu imitieren scheint, die Frage vergessen, zumal gleich darauf der **Kalvarienberg** theologische Aspekte in den Vordergrund rückt: Wer vom Mitterbachgraben her aufsteigt, beginnt mit der letzten Station, der Kalvarienberg-Gruppe, die Gesmas, Jesus und Dismas als bemalte Brettfiguren zeigt. Zwischen den steinernen Nischenkapellen XII und XIII führt ein Trampelpfad zu einer Bank hinter einem Kreuz. Allzu ungestüm sollte man sich ihr nicht nähern, sondern lieber vorsichtig Platz nehmen, denn unmittelbar hinter der kleinen Aussichtskanzel mit Blick auf Aggsbach-Dorf und den nördlichen Zipfel der alten Klosteranlage stürzt der Kalvarienberg in die Tiefe.

*Kartause Aggsbach mit Meditationsgarten im Vordergrund*

## Edle Steine und eine Perle

Vorbei an den weiteren Stationen des barocken **Kreuzwegs** geht es abwärts zählend in das Tal des **Wolfsteinbachs,** der eine wichtige Rolle für das wirtschaftliche Überleben der Mönche spielte: Sein Wasser wurde ab dem 16. Jahrhundert unterhalb der Kartause für eine Schmiede aufgestaut. Noch heute ist nicht nur der Teich, sondern auch die **Hammerschmiede** zu sehen, die bis 1956 in Betrieb war. Nach einer Restaurierung setzen sich die drei Wasserräder zum Antrieb des Schmiedehammers, des Blasbalgs und des Schleifsteins bei Führungen wieder in Bewegung. Abseits vom Schauschmieden und jenseits wirtschaftlicher Erfordernisse bietet das rosa Haus mit den auffallend langen Schornsteinen, das im 18. Jahrhundert sein heutiges Aussehen erhielt und sich damit im Spiegelbild des Teichs zu ge-

fallen scheint, einen idyllischen Anblick. Gleich neben der Schmiede ist das schon erwähnte **Mineralienzentrum** untergebracht, in dem die blutroten Edelstein-Granate aus dem Mitterbachgraben und andere Funde aus Dunkelsteinerwald, Kremstal und Waldviertel glitzern.

Wie eine Perle in einer Fassung sitzt wenige Meter oberhalb des Teichs die einstige **Kartause Aggsbach** zwischen dem Bachgraben im Osten und einer steilen, künstlich bearbeiteten Felswand im Westen. 1373 wurde der Grundstein für das Kloster gelegt, 1376 die Mauer gezogen, ein Jahr später ließen sich die ersten Mönche aus der Kartause Mauerbach (➤ Tour 2) hier nieder. Auf 1380 ist der Stiftungsbrief von Heidenreich von Maissau und seiner Gattin Anna von Kuenring datiert. Rund 400 Jahre später ließ Joseph II. Aggsbach ebenso wie die beiden anderen Kartäuserklöster auf

113

*Kreuzgang in der Kartause*

österreichischem Boden, Mauerbach und Gaming, schließen.
Heute ist ein Teil der Anlage in Privatbesitz, während das 1392 geweihte Gotteshaus 1784 zur Pfarrkirche (➤ S. 110) erhoben wurde. Trotz der Entfernung des Lettners, der die **Kartäuserkirche** in einen Bereich für die Priester- und einen für die Laienbrüder teilte, hat das 46 Meter lange, aber nur sieben Meter breite Gebäude seinen Charakter sowohl mit seiner Gestalt als auch mit seinem gotischen, bescheiden barockisierten Inneren bewahrt. Zwar ist die ursprüngliche spätgotische Gruppe von sechs Altären, darunter ein 1501 geschaffener Flügelaltar von Jörg Breu dem Älteren (um 1475/80–1537), nicht mehr hier, sondern in Stift Herzogenburg (➤ Tour 6) zu sehen. Dennoch bietet die Kirche mit einem vergoldet ornamentierten Jugendstil-Hochaltar von 1911, dem Wandbild

*Mariä Himmelfahrt* von 1673, den beiden um 1680 geschaffenen Seitenaltären, der prächtigen Rokoko-Hängekanzel und dem Rokoko-Orgelprospekt Kunstwerke aus verschiedenen Epochen ähnlich raffiniert dar wie eine sorgfältig kuratierte Ausstellung.

## Von Stille begleitet

*„Non est hic aliud, nisi domus Dei et porta caeli"* – „Hier ist nichts anderes als das Haus Gottes und das Tor zum Himmel", verkündet eine von Engeln gehaltene Inschrift über der Tür, die mit diesem Zitat aus dem 1. Buch Mose den Weg vom Rest des **Kreuzgangs** in die Kirche weist. Vom Leben der Kartäusermönche erzählen Tafeln an den Wänden, v. a. aber die aus vier Räumen bestehende **Aggsbacher Kartäuserzelle** im ehemaligen **Prälaturhof,** deren Mobiliar aus der ostfranzösischen Kartause Sélignac stammt. Wer allein durch den Wandelgang, das Cubiculum, die Holzwerkstatt und das Ave Maria geht, wird nur von der Stille begleitet, die schon zu Klosterzeiten hier geherrscht haben muss. Menschenleer sind auch der Hof, der das Gärtchen der Mönchszelle symbolisiert, und der **Ausstellungsraum** im Keller, der das Leben des heiligen Bruno dokumentiert. Wenn draußen vor der schweren Holztür plötzlich ein Hund anschlägt, der wohl den heutigen Bewohnern der Kartause gehört, verwandelt sein lautes Bellen das Gewölbe in ein Gefängnis – ein unbehagliches Gefühl, das den Kartäusermönchen nicht fremd gewesen sein dürfte. „Unsere in ehemaligen Stallungen eingerichtete Dokumentation ist kein ‚perfektes Museum' mit trockenen Mau-

114

*Wanderweg hinauf zum Roten Kreuz*

ern und klimatisierten Sälen", erklärt der Verein auf seiner Website. „Die Armut und Einfachheit des Kartäuserlebens spiegelt sich auch in den kalten Räumen mit feuchtem Mauerwerk wider." Als der Hund verstummt, steht dem Weitergehen in den 2016 eröffneten **Meditationsgarten** nördlich der Kirche nichts mehr im Weg. Mit seinen (allerdings nur sieben) Feldern symbolisiert er die zwölf Mönchshäuser, die einst hier standen. Dass in ihrer Mitte die Umrisse der **Kapelle** angedeutet werden, die ursprünglich das Zentrum bildete und von einem **Friedhof** umgeben war, ist am besten vom Kiesweg aus zu sehen, der entlang der um 1373/76 errichteten Ringmauer mit ihren später eingebauten **Wehrtürmen** verläuft. Der Ausblick fasst den Garten, die Pfarrkirche, den Rest des Kreuzgangs und die alten Klostertrakte zu einem stimmungsvollen Gesamtbild zusammen.

Zum Abschied von der Kartause grüßt der heilige Bruno von einem Wandbild über der Durchfahrt zum **Wirtschaftshof.** Außer Straße, Bach, Wald und den Wegweisern für den Österreichischen Jakobsweg gibt es im Tal des Wolfsteinbachs nicht viel. Zwischen Hügeln voller Nadelbäume bietet der Weg über den **Geißbergrücken** und das **Rote Kreuz** ausreichend Gelegenheit, der Mystik und Magie nachzugehen, die dem nach der dunklen Tönung des Amphibolitgesteins benannten Dunkelsteinerwald nachgesagt wird. Sei es der gestohlene heilige Jakob auf dem Weg zur Burgkapelle Wolfstein, seien es die drei gespenstischen Töchter von Markgraf Gerold oder andere Überlieferungen: Spätestens mit der Ankunft am sonnigen Donauufer bei Aggsbach-Dorf verwehen auch die letzten Reste sagenhaften Geschehens.

115

**Tour 10**

## Pilgern & entdecken

▸ **Kartause Aggsbach,** 3642 Aggsbach-Dorf 46, www.kartause.net. Meditationsgarten, Kreuzgang, Kartäuserkirche & -museum von Mitte März bis Mitte November tägl. 9–18 Uhr für individuelle Besichtigungen geöffnet; Führungen nach Vereinbarung.

▸ **Kalvarienberg mit barocken Kreuzwegstationen,** östlich der Kartause Aggsbach

## Erleben & besichtigen

▸ **Luftberg,** nördlich von Aggsbach-Dorf

▸ **Waldbad,** 3642 Aggsbach-Dorf 112. Geöffnet Juni 11–19 Uhr, Juli & August 10–19 Uhr.

▸ **Mitterbachgraben,** östlich von Aggsbach-Dorf

▸ **Hammerschmiede Pehn & Mineralienzentrum Steinstadel,** 3642 Aggsbach-Dorf 3. Informationen über Öffnungszeiten, Führungen & Schauschmieden: www.kartause-aggsbach.at

## Einkehren & genießen

✕ **Gasthof zur Kartause,** 3642 Aggsbach-Dorf 38, www.gasthof-lechner.at

✕ **Restaurant Domingo,** 3642 Aggsbach-Dorf 129

✕ **Gasthof-Pension Haidn,** 3642 Aggsbach-Dorf 100, www.urlaubsquartiere.at/pension-haidn/

## Hinkommen & gehen

**Länge:** 9,7 km

**Gehzeit:** ca. 3 h

**Anfahrt:** Bus WL2 ab Melk oder Krems/Donau Bhf. bis Aggsbach-Dorf Donauterrasse

**Rückfahrt:** Bus WL2 ab Aggsbach-Dorf Donauterrasse bis Melk oder Krems/Donau Bhf.

**Mit dem Auto:** Parken in Aggsbach-Dorf Nähe Donau

**Route:** Auf der Nebenstraße, die neben der Bushaltestelle der Linie WL2 Richtung Krems in die Aggsteiner Straße (B33) mündet, Richtung Osten/Ortszentrum, auf Höhe des Amtshauses/der Feuerwehr links über den Aggsbach, entlang der Ausschilderung Luftbergweg A2 die Straße hinauf Richtung Zentrum, nach 200 m links, an der Gabelung rechts, bergan zu den Feldern nördlich des Ortes („Hartl"), an der Kreuzung links und dem „D" der Dunkelsteinerwaldrunde Richtung Maria Langegg in den Wald hinauf folgen, wo kurz vor dem höchsten Punkt nach links ein Weg zum Luftberggipfel abzweigt. Nach dem Abstecher zum Aussichtspunkt ❶ auf dem Rücken des Luftbergs dem „D" parallel zur Donau Richtung Nordosten folgen, dabei Sendemast und Wiese mit Aussicht auf die Ruine Aggstein passieren. An der Kreuzung rechts und dem Österreichischen Jakobsweg vorbei am Waldbad ❷ nach Aggsbach-Dorf hinunter folgen, nach dem erneuten Queren des Aggsbachs allerdings nicht rechts Richtung Kartause, sondern links unterhalb des Gasthofs zur Kartause bei der Fahrverbotstafel in den Mitterbachgraben ❸. Am Bach entlang, bis der Weg bei der zweiten Abzweigung wieder auf den Dunkelsteinerwaldrundweg („D") stößt, dort rechts hinauf, an der Gabelung rechts zum Gipfel des Kalvarienbergs ❹. Entlang der Stationen des Kreuzwegs Richtung Südwesten hinunter zur Straße, nach rechts Abstecher zur Kartause Aggsbach ❺ sowie zum Mineralienzentrum und zur Hammerschmiede ❻. Nach der Besichtigung zurück zur Kartause und der Straße entlang des Wolfsteinbachs auf dem Österreichischen Jakobsweg Richtung Süden folgen. Nach ca. 1 km bei den Häusern rechts ab, Bach queren und nach einem Linksbogen um die Häuser auf der Forststraße bergan in den Wald. An der Wegkreuzung Jakobsweg verlassen und rechts auf den rot markierten Weg (A4), der über das Rote Kreuz zurück zum westlichen Ortseingang von Aggsbach-Dorf führt und dort in jene Nebenstraße mündet, die nach links wieder zurück zur Bushaltestelle an der Donau führt.

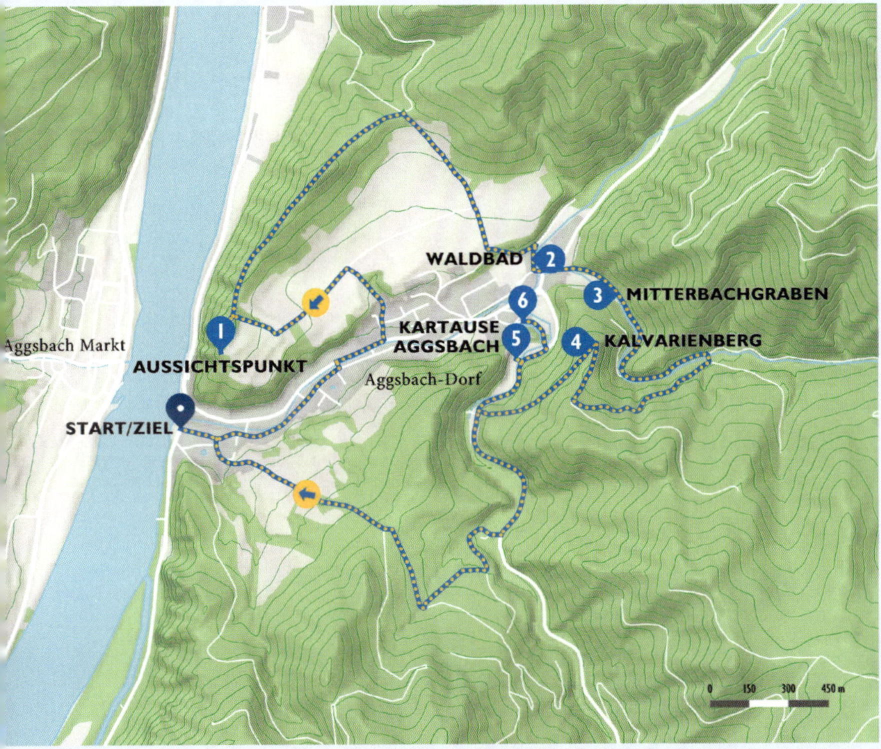

117

# 11 | Gegen Schwiegermütter und den Teufel

# Vom Benediktinerstift Melk zum Servitenkloster Schönbühel

Der von Donau, Westbahnstrecke und Autobahn weithin sichtbare barocke Prachtbau von Stift Melk zieht Touristen aus dem In- und Ausland an. Umso ruhiger erscheint nach der Besichtigung die aussichtsreiche Wanderung über den Pielachberg und das Jonaskreuz nach Schönbühel, wo einst ein Schlossherr mit einem Servitenkloster, einer Grab-Christi-Kapelle und einer in Österreich einzigartigen Nachbildung der Bethlehemgrotte böse Geister vertreiben wollte.

## Gipfel barocker Architektur

Schon im Zug drängen sich Reisende mit dem Ziel **Melk,** auf dem pittoresken **Marktplatz** sind fast alle Tische besetzt und nach dem Anstieg durch die Sechsergasse zum Eingangsportal des **Stifts** reiht man sich ein in den Strom der Reisegruppen, die unablässig vom Busparkplatz zur Ausstellung pilgern. *„Hospites tamquam Christus suscipiantur"* – „Gäste sollen aufgenommen werden wie Christus" – steht als Zitat aus der Benediktsregel über einer der Türen des **Marmorsaals,** der einst adeligen Gästen als Speisesaal diente und nun von Touristen auf dem Weg von der Ausstellung in die Stiftsbibliothek als Durchgangszimmer benutzt wird.

Im Mittelalter sollen die Mönche in manchen Klöstern ja über die Schar der Besucher gestöhnt haben, die an der Pforte anklopften und um Herberge baten. Doch nachdem der Tourismus mittler-

weile eine Haupteinnahmequelle von Stift Melk ist, wird hier der Verlust kontemplativer Ruhe in den für Gäste geöffneten Teilen begrüßt. Schließlich gilt der repräsentative Neubau, den Architekt Jakob Prandtauer zwischen 1702 und 1736 errichten ließ, mit seiner 362 Meter langen Südfassade als Gipfel barocker Architektur und klösterlicher Prachtentfaltung nach der Reformation. Kaum einem Fotoapparat, kaum einem Smartphone entgeht der wahrhaft kaiserliche Ausblick von der **Altane,** der triumphbogenartigen Verbindung zwischen Marmorsaal und Bibliothek. Im prachtvollen Großen Saal der **Stiftsbibliothek** verdichtet sich unter einem Deckenfresko Paul Trogers und zwischen dunklen Holzregalen mit prachtvollen Intarsienarbeiten die 900-jährige Geschichte des Benediktinerklosters, das 1089 vom Babenberger Markgrafen Leopold II. (1050–1095) in einer Burg auf dem Felsen von Melk gegründet wurde.

*Leopold III., der Stifter, 1716 von Lorenzo Mattielli entworfen;*
*Zugang zu Stift Melk und Ansicht von der Donau hinauf*

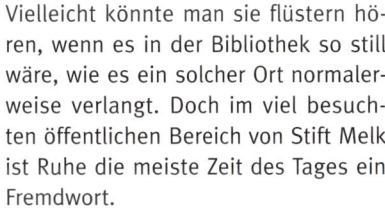

*Wegweiser in Spielberg*

*Fußgängerbrücke über die Pielach*

Vielleicht könnte man sie flüstern hören, wenn es in der Bibliothek so still wäre, wie es ein solcher Ort normalerweise verlangt. Doch im viel besuchten öffentlichen Bereich von Stift Melk ist Ruhe die meiste Zeit des Tages ein Fremdwort.

Eine schöne Rückzugsmöglichkeit bietet der **Stiftspark,** wo sich im Dämmerlicht unter hohen Bäumen Natur und Kunst vereinen. Verschlungene Wege führen in das helle **Paradiesgärtchen,** das nach Walahfrid Strabos Lehrbuch *De cultura hortorum* aus dem 9. Jahrhundert gestaltet wurde. Dort genießt man nicht nur einen schönen Blick über Melk und das sich über die Stadt erhebende Stift, sondern lernt auch, dass Wermut zwar bitter schmeckt, aber brennenden Durst stillt und Fieber vertreibt. Gut zu wissen ist außerdem, dass Andorn die drohende Lebensgefahr unterdrücken

kann, wenn feindselige Schwiegermütter schädlichen Eisenhut in trügerische Speisen gemischt haben.

Gut bekömmlich sind sicherlich die Mehlspeisen und Torten, die im Selbstbedienungscafé des **Gartenpavillons** angeboten werden. Der Mitte des 18. Jahrhunderts errichtete Pavillon trägt nicht das Habsburgergelb des Stifts, sondern ein zartes Rosa, das sich in den Rosen fortsetzt, die das Gebäude wie eine Bordüre säumen. Wer seinen Kuchen drinnen genießt, kann sich von Johann Wenzel Bergls (1718–1789) Wandmalereien zu den damals bekannten Erdteilen mitsamt ihrer (imaginierten) Mensch- und Tierwelt entführen lassen. 121

## Fische, Hühner und viel Getreide

Eine andere Möglichkeit, Stift Melk und seinen Besucherscharen zu entgehen,

*Jonaskreuz*

lädt zur Rast und einem ersten Ausblick ins Voralpenland ein, während in einem Garten auf der anderen Seite des Wegs ein paar Hühner scharren. Nach einigen Kehren landet man auf einem anderen Planeten, dessen sanft gewellte Oberfläche ausgedehnte Getreidefelder formen. Über die Mohn- und Kornblumen am Ackersaum gleitet der Blick zurück in jene Welt, aus der man aufgebrochen ist. Wer am Scheitelpunkt der Wanderung noch einmal nach Süden schaut, entdeckt die malerisch in den Wald eingebettete Schallaburg, während Richtung Norden kurz darauf erstmals **Schloss Schönbühel** wie eine Insel zwischen Getreidemeer und Donaustrom auftaucht.

Das letzte Wegstück hinunter zum Fluss führt durch den Wald, der sich im Sommer mit der Lebensfülle eines Dschungels gegen die umgebenden Kornfelder stemmt und auch den Pfad zu überwältigen droht. Wie ein Bollwerk der Zivilisation thront Schloss Schönbühel unten am Ufer, auf einem etwa 40 Meter hohen Felsen, den schon die Römer als Standort für eine leicht zu verteidigende Festung nutzten. Seit dem frühen 12. Jahrhundert urkundlich belegt und im Lauf der Jahrhunderte vielfach um- und ausgebaut, u. a. 1414 vom Adelsgeschlecht Starhemberg, wird das heutige imposante Erscheinungsbild von dem Neubau geprägt, den die Grafen Beroldingen 1819 errichten ließen.

1929 verkauften sie das Schloss an die Grafen Seilern-Aspang, deren Familienbesitz es heute noch ist. Das sicherlich sehenswerte Innere bleibt Fremden versperrt, weshalb Informationen über unterirdische Gänge, die zu Kerkern und

eröffnet eine Wanderung über das stille Hochplateau des Pielachbergs nach Schönbühel, wo direkt oberhalb der Donau ein ehemaliges Servitenkloster steht. Obwohl es die Wiener Straße zunächst nicht vermuten lässt, umgibt einen schon kurz nach dem Abbiegen in die Spielberger Straße und dem Queren von Melker Straße und Umfahrungsstraße ländliche Ruhe. **Spielberg** begrüßt Pilger mit einer winzigen **Wegkapelle** und begleitet sie mit gepflegten Gärten sowie schön renovierten Häusern durch den Ort zur **Pielach,** die unweit der schmalen Fußgängerbrücke in die Donau mündet und sich hier als Naturparadies präsentiert. Der Eindruck trügt nicht, zählt die fischreiche Pielach doch zu den saubersten Flüssen Österreichs. Vom Flusstal geht's durch den Ort **Pielachberg** sanft hinauf zum **Jonaskreuz.** Eine Bank auf halbem Anstieg

*Schloss Schönbühel*

Verliesen führten, ungeprüft bleiben müssen. Aber eigentlich ist es gar keine Frage, dass in dieser eindrucksvollen Festung, die als Wahrzeichen für den Eingang in die Wachau steht, so manch Gefangener geschmachtet hat.

## Vom Teufelsschloss zum Kloster

Bevor das Schloss in den Besitz der Familie Starhemberg überging, gehörte es übrigens Stift Melk, musste jedoch 1396 von Abt Ludwig verkauft werden. Zum nur 500 Meter flussabwärts gelegenen ehemaligen **Servitenkloster** besteht ebenfalls eine enge Verbindung, war es doch der damalige Schlossbesitzer Graf Conrad Balthasar von Starhemberg (1611/12–1687), der dem Spuk am sagenumwobenen „Teufelsschloss" mit der Klostergründung ein Ende bereiten wollte.

Der Alte Kirchweg führt durch Wiesen unterhalb der Straße zu dem malerischen Platz, an dem Geister ihr Unwesen in einer verfallenen Ruine getrieben haben sollen. Um sie zu vertreiben, ließ Graf von Starhemberg 1666 zunächst eine Grab-Christi-Kapelle, von 1668 bis 1674 ein **Kloster** für die Serviten und 1669 einen **Kalvarienberg** errichten. Ergänzt wurde das Ensemble 1670 auf Wunsch von Eleonora Magdalena Gonzaga von Mantua-Nevers (1630–1686), der Witwe Kaisers Ferdinand III., durch die in Österreich einzigartige Nachbildung der Bethlehemgrotte, wobei Franziskanermönche Auskunft über das Aussehen des Vorbilds gegeben haben sollen.
Jenseits aller religiösen Bedeutung fasziniert der Ort als künstlerische Synthese aus Architektur und Landschaft. Während das Kloster von Osten betrachtet wegen des ansteigenden Gelän-

123

des kaum sichtbar ist, präsentiert sich die Anlage von Süden her wie ein verschachteltes Bühnenbild. Wahrscheinlich würde man sich nicht wundern, wenn sich der Felsen, mit dem sie verschmolzen ist, plötzlich zu drehen begänne oder ganze Bauteile nach oben im Schnürboden verschwänden.

Hauptdarsteller auf dieser Bühne waren viele Jahrhunderte lang die Serviten: Sie betreuten nicht nur die heiligen Stätten an der Stelle des einstigen Teufelsschlosses, sondern auch die bald darauf eingerichtete Pfarre. Bei Pilgern, zu denen Kaiser Leopold I. gehörte, war v. a. die Grabeskirche beliebt. Beson-

## Die Serviten

Gegründet 1233 in Florenz, gelangten die Serviten 1613 durch Förderung der Landesherrin, Erzherzogin Anna Catharina Gonzaga (1566–1621), nach Innsbruck, von wo aus 26 Klöster im Bereich der ehemaligen Donaumonarchie gegründet wurden. In Österreich gibt es noch fünf Servitenklöster, eines davon auf dem Mariahilfberg bei Gutenstein, dessen Kirche seit Ende des 17. Jahrhunderts Ziel zahlreicher

Wallfahrten ist. „Gott und den Menschen dienen nach dem Vorbild Mariens", lautet das Leitmotiv des „Ordens der Diener Marien", dessen Name sich aus dem Lateinischen (Ordo Servorum Mariae) ableitet. In der „Mariologie" als Teilbereich der Dogmatik erforschen die Serviten die theologische Bedeutung Maria von Nazareths in der Heilsgeschichte.

*Ehemaliges Servitenkloster Schönbühel*

*Blick vom ehem. Servitenkloster zum Schloss Schönbühel und über die Donau zum Stift Melk*

ders viele Wallfahrer zog das der Pest-heiligen Rosalia geweihte Gotteshaus während einer Epidemie des Schwarzen Tods 1679 an.

Obwohl das Kloster 1980 wegen Personalmangels aufgehoben und gemäß des Stiftungsvertrags zurück in den Besitz des Schlossguts Schönbühel-Aggstein ging, sind die Scheinwerfer hier nicht endgültig verloschen. In der Tradition der Serviten wird weiterhin an jedem dritten Sonntag im September das „Fest der Sieben Schmerzen Mariens" gefeiert. Außerdem gibt es nach wie vor Messen, Hochzeiten und Taufen sowie Krippen- und Kreuzwegandachten in Schönbühel. Wer v. a. am bemerkenswerten Baudenkmal interessiert ist, kann es nach Vereinbarung bei einer Führung besichtigen. Zu jeder Zeit ein Genuss ist der Blick die Donau entlang stromaufwärts, zurück

zu jenen Gebäuden, die die Geschichte des Ortes ebenso geprägt haben wie die Wanderung: Schloss Schönbühel und Stift Melk. Vor der Rückkehr nach Melk mit dem Bus ab Schloss Schönbühel oder zu Fuß entlang der Donau lohnt sich noch ein Abstecher zum **Friedhof** oberhalb des Klosters und der Donauuferstraße. Durch das Pfeilerportal mit dem schweren Schmiedeeisentor fällt der Blick auf den schnurgeraden, von sorgfältig gestutzten Buchsbaumhecken gesäumten Weg, der das Gräberfeld teilt. Wer auf der Suche nach Ruhe bislang erfolglos geblieben sein sollte, findet sie hier bestimmt.

125

**Tour 11**

## Pilgern & entdecken

▶ **Stift Melk,** Abt-Berthold-Dietmayr-Straße 1, 3390 Melk, www.stiftmelk.at. Geöffnet von April bis Oktober 9–17.30 Uhr (individuelle Besichtigung oder stündliche Führung 10–16 Uhr), von November bis März Besichtigung nur mit Führung um 11 oder 14 Uhr; Stiftspark & Gartenpavillon von Mai bis Oktober 9–18 Uhr geöffnet; Mittagsgebet von April bis Oktober um 12 Uhr in der Stiftskirche; Exerzitien in der Benediktuskapelle; Konzerte.

▶ **Jonaskreuz** bei Hub

▶ **Ehem. Servitenkloster Schönbühel,** 3392 Schönbühel, www.kloster-schoen-buehel.at. Besichtigung des Klosters und der Geburtsgrotte nach Anmeldung, Kalvarienberg öffentlich zugänglich.

▶ **Friedhof** oberhalb des Servitenklosters

## Erleben & besichtigen

▶ **Schloss Schönbühel,** 3392 Schönbühel, www.schoenbuehel-aggstein.at. Privatbesitz, nur von außen zu besichtigen.

## Einkehren & genießen

✗ **Cafés & Gasthäuser** am Rathausplatz, 3390 Melk

✗ **Stiftsrestaurant Melk & Café im Pavillon,** Abt-Berthold-Dietmayr-Straße 3, 3390 Melk, www.stiftsrestaurant-melk.at

✗ **Gasthof Stumpfer,** 3392 Schönbühel, www.stumpfer.com

## Hinkommen & gehen

**Länge:** 9,6 km
**Gehzeit:** ca. 3 h
**Anfahrt:** REX bis Melk Bhf.
**Rückfahrt:** Bus WL2 ab Schönbühel/Donau Schloss bis Melk Bhf.
**Mit dem Auto:** Parken am Bhf. Melk
**Route:** Vom Bhf. Melk Richtung Norden durch Bahnhofstraße und Bahngasse zur Hauptstraße, rechts über den Rathausplatz, links durch die Sechsergasse über die Stiege hinauf zum Stift Melk ❶, nach der Besichtigung durch die Abt-Berthold-Dietmayr-Straße zur Wiener Straße. Richtung Osten bis zur Tankstelle, halb links in die Spielberger Straße, durch den Ort Spielberg vorbei am Kriegerdenkmal

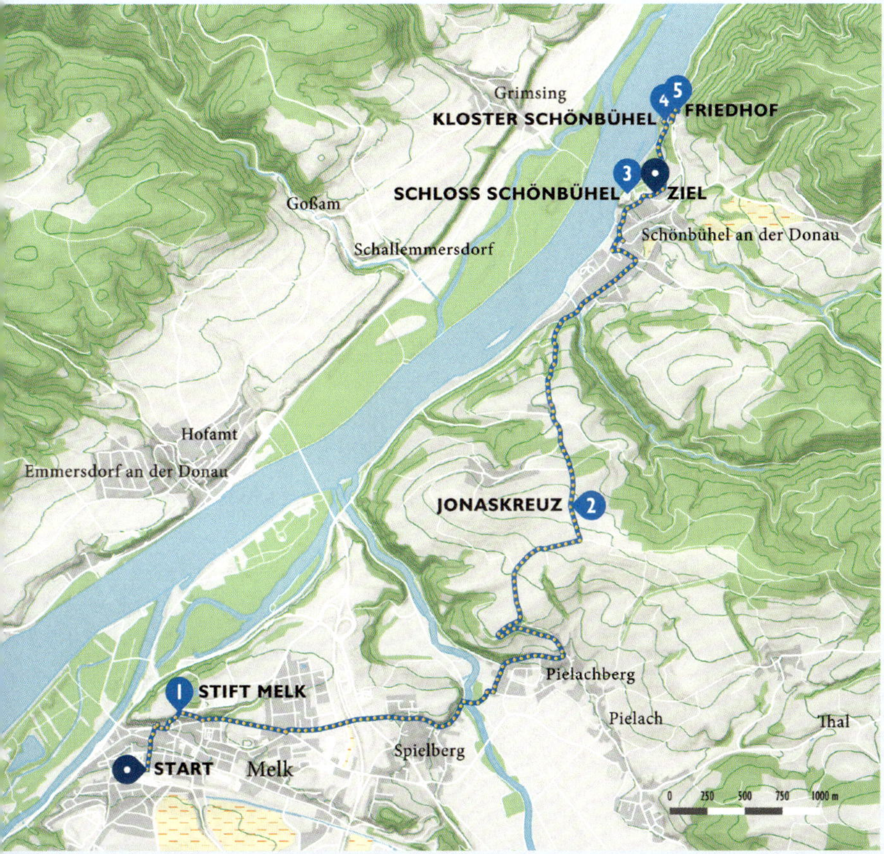

bis zur Fußgängerbrücke über die Pielach, hinter der Brücke geradeaus über den Fußweg vorbei am Spielplatz zur Pielachberger Straße. Erst Richtung Norden, dann Richtung Osten bis zur Abzweigung Dorfstraße, dort links und der Beschilderung des Welterbesteigs auf dem Güterweg durch die Felder vorbei am Jonaskreuz ❷ folgen. Beim Lagerplatz unterhalb des Siernreitherhofs taucht der (im Sommer stark überwachsene) Weg schräg rechts gegenüber der Einmündung in den Wald ein (ab dort wieder Markierungen) und führt als Steig hinunter nach Schönbühel. Im Ort hinunter zur Landesstraße, dort rechts, vorbei am Gasthof Stumpfer zum Schloss Schönbühel ❸, hinter dem Schloss links in den Fußweg (Alter Kirchenweg) bis zum ehem. Kloster Schönbühel ❹. Nach einem Abstecher zum Friedhof ❺ östlich oberhalb des Klosters auf der anderen Seite der B33 auf demselben Weg zurück bis zur Bushaltestelle am Schloss Schönbühel, von dort mit dem Bus (alternativ zu Fuß auf dem Rad- und Wanderweg entlang der Donau) zurück zum Bhf. Melk.

# Auf dem Weg der Stille rund um Kloster Pernegg

Malerisch auf einer Bergkuppe inmitten des Waldviertels steht ein ehemaliges Frauen- und späteres Männerkloster, Zwilling des wenige Kilometer nördlich gelegenen Stift Geras: 1153 gemeinsam gegründet, dient Kloster Pernegg heute als Seminar- und Fastenzentrum, während die Pfarre mit der kostbar ausgestatteten Kirche noch immer von den Prämonstratenser-Chorherren aus Geras betreut wird. Rings um die Anlage führt ein „Weg zur Stille" zurück in die Gründungszeit, an deren Anfang die Burg Pernegg steht.

## Idyllisches Pulkautal

Das Ende des 19. Jahrhunderts erbaute Bahnhofsgebäude, das Raiffeisen-Lagerhaus nebenan und vielleicht noch die Ortskapelle: Mehr Orientierungspunkte lassen sich in **Hötzelsdorf** beim besten Willen nicht finden. Tangiert von der Bahnstrecke nach Gmünd und durchschnitten von der Straße nach Horn, liegt Hötzelsdorf irgendwo dazwischen, eine Katastralgemeinde, wie es viele im Waldviertel gibt, umgeben von Feldern und Wäldern auf sanft gerundeten Hügeln.

Der Güterweg, auf dem man Hötzelsdorf verlässt, führt nicht schnurgerade Richtung Westen, sondern scheint mal hier, mal dort dem Druck der von Margeriten, Mohn- und Kornblumen gesäumten Getreidefelder nachzugeben. Im Grün und Blau des Landschaftspuzzles bildet die Pfarrkirche von Harth ein prägnantes

Teil am nördlichen Horizont. Die Bahnstrecke Richtung Gmünd zwingt den Weg kurz auf einen parallelen Kurs, bevor ihm die Natur in Gestalt eines Waldstücks wieder mehr Spielraum lässt. Eine Unterführung der Gleise entlässt nicht nur Wanderer, Traktoren und Mähdrescher, sondern auch das Wasser der im östlichen Waldviertel entspringenden **Pulkau** in das idyllische Flusstal nordöstlich von **Raisdorf.**

Der Turm, der bald darauf am südlichen Horizont auftaucht, gehört zur Pfarrkirche von **Pernegg** (➤ Foto links). Bevor die von Wehrmauern und Rundtürmen umringte Anlage des ehemaligen Klosters erreicht wird, durchquert man den Ort, in dem es weder Bahnhof noch Raiffeisen-Lagerhaus, aber eine Marktkapelle aus dem 19. Jahrhundert gibt. Historisch bedeutsamer sind jedoch die beiden Gotteshäuser außerhalb des Dorfs, die weithin sichtbare ehemalige

129

*Blick über die Felder auf die Pfarrkirche von Harth*

Stiftskirche und die im Wald unterhalb des Klosters versteckte Nikolaikapelle, ein Überbleibsel der Burg Pernegg. Wie sehr die Anfang des 16. Jahrhunderts errichtete Klosterkirche die Gesamtanlage dominiert, zeigt sich am Weg über die Zufahrtsstraße. Dass sie, die jetzt als **Pfarrkirche** dient, noch immer von der Wehrmauer des ehemaligen **Klosters Pernegg** geschützt wird, erscheint nicht übertrieben, birgt doch das Innere der in den 1990er-Jahren restaurierten Kirche einige Kostbarkeiten. Dazu gehören die figuralen Deckenmalereien aus dem Jahr 1603 ebenso wie die Wand- und Gewölbemalereien in den Seitenkapellen. Angefertigt hat sie vermutlich Johann Bernhard Grabenberger (1637–1710), von dem auch Fresken in der Stiftskirche Göttweig (➤ Tour 8) stammen. Die oktogonale **Kanzel** ist seit 1618 ein bemerkenswerter Teil der Pfarr-

kirche, und auf der **Orgel,** die Michael Prackh 1654 gebaut hat, wird heute noch gespielt.

## Gemeinsame Gründung

Während in dem 1817 errichteten **Schulgebäude** gleich hinter dem Eingangsportal des Klosterensembles das Pfarramt untergebracht ist, werden die südlich und östlich der Kirche gelegenen früheren **Stiftsgebäude** als Seminar- und Fastenzentrum mit angeschlossenem Gästehaus genutzt. In einem der Stiegenhäuser informiert eine Tafel über die Geschichte der Burg Pernegg und des Klosters. In einer Vitrine sind Alltagsgegenstände ausgestellt, die bei Grabungen gefunden wurden: Keramikdeckel aus dem 13., bronzene Buchbeschläge und die Eisenschnalle eines Wagengeschirrs aus dem 15. Jahrhundert,

CLOSTER BERENEGG

*Kloster Pernegg: Prälatenhof, Kräuterspirale und eine historische Ansicht aus dem 18. Jahrhundert*

*Kloster Pernegg hinter der Wehrmauer*

eine Kanne aus dem 18. und nicht zuletzt Zahnbürsten aus dem 19. Jahrhundert.
Dass die Pfarre heute von den Prämonstratenser-Chorherren von Stift Geras betreut wird, ist bezeichnend für den gemeinsamen Ursprung: 1153 gründeten
Ekbert und Ulrich II. von Pernegg beide Klöster als Chorfrauenstifte, wobei
das Stift Pernegg wahrscheinlich anstelle des Wirtschaftshofs der nahe gelegenen Burg errichtet wurde. Erst 33
Jahre zuvor hatte der Wanderprediger
Norbert von Xanten (um 1080/85–1134)
seine Anhängerinnen und Anhänger in
Nordfrankreich zu einer Gemeinschaft
auf der Grundlage der Augustinusregel
(➤S. 105) versammelt, die als Abtei Pré-
montré zum Mutterhaus des Prämons-
tratenserordens wurde.
1584 wurde zwar das Frauenkloster
Pernegg aufgehoben, 1586 mit Chorher-

ren aus Geras aber neu belegt. Im 17.
Jahrhundert erlebte Stift Pernegg eine
Blütezeit: Es wurde selbstständig und
ausgebaut, war ein paar Jahrzehnte lang
Abtei, fiel aber wie viele andere österrei-
chische Klöster 1783 den Reformen von
Joseph II. zum Opfer. 1854 kehrte die
Anlage in die Obhut von Stift Geras zu-
rück, das es seit 2003 verpachtet.
Innerhalb der Wehrmauern lädt ein
**Kräuterlabyrinth** dazu ein, vorbei an
Buchsbaum, Hafer und Lavendel ins
Zentrum zu wandeln, um dort an der
Linde vielleicht auch die innere Mitte zu
finden. Der „Weg zur Stille" führt dage-
gen in einem weiten Bogen außen um
das alte Kloster herum: Wer nach der
Besichtigung der Anlage hinter dem
**Eingangsportal** rechts abbiegt, wird zu-
nächst unterhalb der alten Mauer Rich-
tung Süden geführt. Hinter einer Wiese, auf der eine Bank vor der Kulisse

## Stift Geras

Das rund zehn Kilometer nordöstlich des ehemaligen Klosters Pernegg gelegene Stift Geras ist zwar mit öffentlichen Verkehrsmitteln schlecht zu erreichen, für Motorisierte aber allemal einen Ausflug wert. Wer hinfährt, kann auch länger bleiben, denn Pernegg und Geras eint neben ihrer Gründungsgeschichte die Möglichkeit, unter Aufsicht zu fasten und dabei vor Ort zu übernachten: Das **Jakob-Kern-Gästehaus,** in dem Klausuren, Exerzitien und Fastenkurse angeboten werden, wurde schon im 18. Jahrhundert für diesen Zweck auf dem Gelände von Stift Geras errichtet.

Im Gegensatz zu Pernegg ist das Klosterleben in Geras noch lebendig: Die meisten der etwa 20 Prämonstratenser-Chorherren betreuen die Pfarren rund um das Stift. Kunstgeschichtlich Interessierte stoßen hier in der nach Plänen von Joseph Munggenast barockisierten Anlage u. a. auf den **Mar**morsaal mit einem Deckenfresko von Paul Troger, auf die **Bibliothek,** die **Äbtegalerie** und natürlich die nach einem Brand 1730 prachtvoll ausgestattete Stiftskirche. Neueren Datums ist die 2010 geweihte **byzantinische Kapelle,** in der regelmäßig Gottesdienste im sog. byzantinischen Ritus der katholischen Ostkirche gefeiert werden. Auch die Natur kommt in Geras nicht zu kurz, war das Stift doch Heimat des „Kräuterpfarrers" Hermann-Josef Weidinger (1918–2004). Von den Heilpflanzen im **Kräutergarten** ist der Weg nicht weit in den **Naturpark Geras,** Teil der idyllischen Teichlandschaft rund um das Stift. Erkunden lässt sie sich bei einer Wanderung, die erst über den Goggitschberg in das malerische Dorf Pfaffenreith, dann durch das stille Pilgerbachtal vorbei am **Waldbad** zum Naturpark und schließlich über den Waldweg südlich der Horner Straße zurück zum Stift führt.

133

*Die Nikolaikapelle innen ...*  ... *und außen*

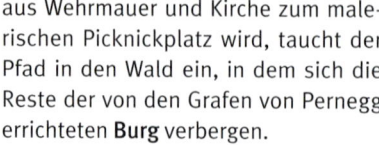

aus Wehrmauer und Kirche zum malerischen Picknickplatz wird, taucht der Pfad in den Wald ein, in dem sich die Reste der von den Grafen von Pernegg errichteten **Burg** verbergen.

## Aus Holz gebaut

Die Mauern der Burg Pernegg wurden bereits 1449 teilweise zugunsten des Ausbaus der Klosteranlage abgebrochen. Am besten erhalten ist die im 12. Jahrhundert errichtete und dem heiligen Nikolaus geweihte **Burgkapelle.** Durch ein romanisches Portal tritt man ins Innere des knapp elf Meter langen und sechs Meter breiten Langhauses, dessen überwölbte Apsis noch erhalten ist. Auf einem steinernen **Altar** sind ein Kruzifix und eine Blumenvase zwischen zwei Laternen arrangiert. Zwischen den von Efeublättern berankten Mauern

warten Holzbänke auf jene Wanderer, die der Historie des Orts nachspüren oder einfach die Stille auf sich wirken lassen wollen.

Wer seine Fantasie mit einer romantischen Geschichte befeuern möchte, findet das passende Material unterhalb der Nikolaikapelle, wo sich einst der Innenhof der Burg Pernegg befand und heute auf einer Tafel die Legende vom gebrochenen Herzen erzählt wird. Ein verlorenes Taschentuch und zwei große Missverständnisse später verlassen wir Fräulein Anna von Pernegg und ihren unerhört gebliebenen Verehrer Reumir, um weiter durch den Wald zur Ruine der **Aumühle** zu gehen, die im 17. Jahrhundert erbaut wurde, um das Wasser des gleichnamigen Bachs gewinnbringend zu nutzen.

Neben der Aumühle führt der Weg über ein hölzernes Brücklein ans andere Ufer

*Nischenbildstock*

*Klosterhof*

und von dort auf eine Anhöhe mit weitem Rundumblick. Sollte das Holz der Bank unweit des **Nischenbildstocks** noch nicht völlig morsch geworden sein, kann man hier verweilen und eine Zeit lang nur den Blick wandern lassen zwischen den Feldern in verschiedenen Farbnuancen, den dunkelgrünen Wäldern, die sie umrahmen, und dem weiten Himmel, der sich darüberspannt. Nach einem Stück auf dem asphaltierten Güterweg führt der Wegweiser wieder hinein in den Wald. Durch die Felder am Rand von **Pernegg**, die noch einmal einen Blick auf die Pfarrkirche gewähren, geht es zurück in den Ort, der bis auf einen umherstreunenden Hund so reglos daliegt, als habe er die Geschichte von Burg und Kloster komplett verschlafen. Der Westturm der **Kapelle** weist den Weg zur Haltestelle vor Haus Nr. 55, vor dem ein Klotz während der

Wartezeit wahlweise als Platz für den Rucksack oder einen selbst genutzt werden kann. Im Waldviertel sind offenbar selbst die Bushaltestellen aus Holz gebaut.

135

**Tour 12**

## Pilgern & entdecken

▸ **Kloster Pernegg,** 3753 Pernegg 1, www.klosterpernegg.at. Fastenzentrum & Gästehaus, Besichtigung von Teilen der ehem. Klosteranlage nach Anmeldung an der Pforte, Besichtigung der ehem. Stiftskirche nach Anmeldung bei der Pfarre; Friedhof zugänglich.

▸ **Ruine der Nikolaikapelle** im Wald unterhalb des Klosters
▸ **Nischenbildstock** südlich von Nödersdorf
▸ **Kapelle** auf dem Straßenplatz, 3753 Pernegg

## Erleben & besichtigen

▸ **Ruine der Aumühle** im Wald unterhalb des Klosters

## Einkehren & genießen

✕ **Gasthaus zum Braunen Bär,**
Fam. Schmutzer, 3753 Pernegg 5

## Hinkommen & gehen

**Länge:** 8,8 km
**Gehzeit:** ca. 2 h 45 min
**Anfahrt:** Regionalzug bis Hötzelsdorf-Geras Bhf.
**Rückfahrt:** Bus ab Pernegg b. Horn Nr. 55 bis Horn Bhf.
**Mit dem Auto:** Parken am Kloster Pernegg, von dort der Ausschilderung des „Wegs zur Stille" bis zurück zum Kloster folgen.
**Route:** Am Bhf. Hötzelsdorf-Geras links, rechts in die Sackgasse, über die Treppe hinunter zur Straße, links bis zur Horner Straße, rechts bis zum Schutzweg, nach

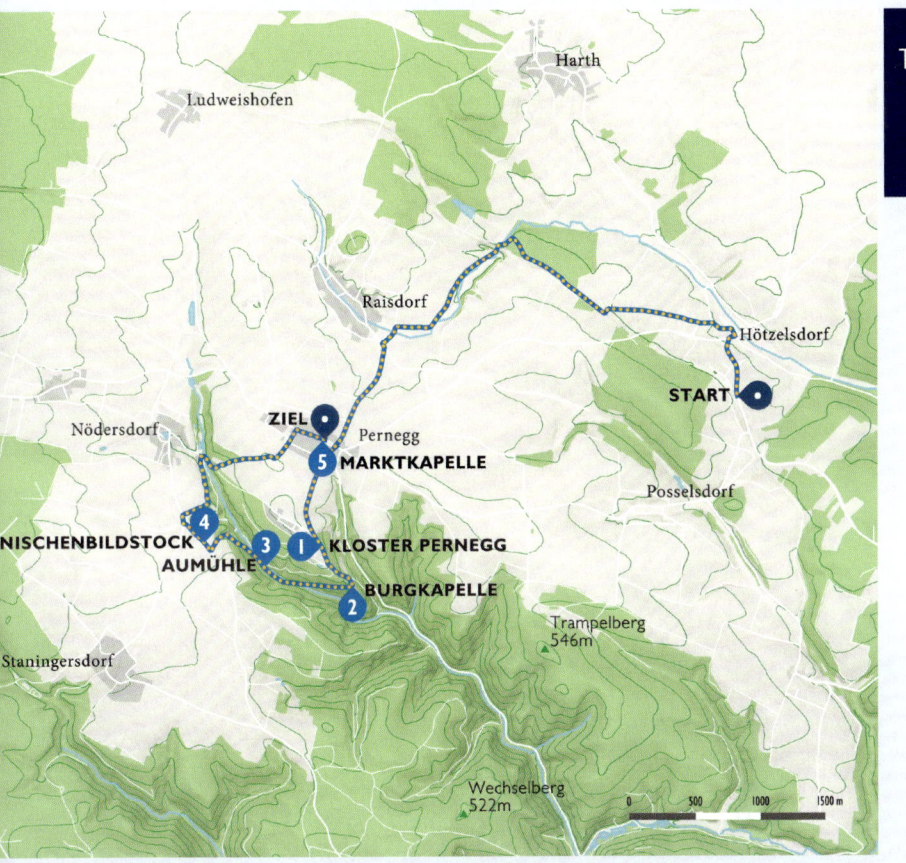

dem Überqueren vor der Kirche links, hinter der Ortschaft parallel zur Bahnstrecke bis zur Abzweigung des Wanderwegs nach Pernegg, Bahnstrecke unterqueren, im Tal der Pulkau bis zu Wegkreuzung kurz vor Raisdorf, dort links zur Horner Straße, nach dem Überqueren geradeaus weiter Richtung Süden auf der Nebenstraße nach Pernegg, Ort durchqueren, über die Zufahrtsstraße zum Kloster Pernegg ❶. Nach der Besichtigung von Kirche, Friedhof und Klosteranlage vom Tor aus rechts hinunter und der Ausschilderung „Weg zur Stille" folgen, dabei unterhalb des Klosters durch den Wald zu den Ruinen der Burgkapelle ❷ und der Aumühle ❸, Aumühlbach queren, durch die Felder hinauf zur Straße nach Nödersdorf, dort rechts und vorbei am Nischenbildstock ❹ Richtung Nödersdorf, rechts in den Wald, erneut Aumühlbach queren und Richtung Osten durch die Felder zurück nach Pernegg. Im Ort vorbei an der Marktkapelle ❺ zur Bushaltestelle vor Haus Nr. 55.

137

# 13 | Drachenmagie und Totentanz

# Über die Rosenburg zum Stift Altenburg

Kaum ein anderes niederösterreichisches Stift bietet eine derartig vielseitige Kombination aus mittelalterlichem Kloster und barockem Repräsentationsbau, kaum ein anderes Stift liegt trotz seines Reichtums an Sehenswürdigkeiten so fernab der Touristenströme. Schon die Wanderung durch das waldreiche, menschenleere Kamptal nach Altenburg ist von meditativer Ruhe geprägt. Lebhafter geht es auf der Rosenburg und im angrenzenden Erlebnispark zu, während das Mühlrad der Rauschermühle, einst Sommersitz der Altenburger Äbte, längst nicht mehr klappert.

## Auf Grasels Spuren zur Burg

Wer an der Haltestelle **Rosenburg** aus dem Zug steigt, hat das erste Etappenziel gleich vor Augen: Wie ein Adlerhorst sitzt der Namensgeber für den hübschen kleinen Villenort im Kamptal hoch oben auf einem Felsen. Tatsächlich hört man beim Aufstieg manchmal einen Adler schreien, wenn auf der Burg gerade Zeit für die Greifvogelschau ist. Nach dem Überqueren von Taffa und Kamp sind etwa 100 Höhenmeter zu bewältigen, bis man vor dem Tor des ursprünglich „Rosenberg" genannten Renaissanceschlosses steht.

Der Burgsteig führt an **Höhlen** vorbei, die nach dem Räuber Johann Georg Grasel benannt wurden. Geboren 1790 in Mähren, wurde Grasel im Waldviertel bald so etwas wie ein Volksheld, hatte er, der mehr als 200 Straftaten beging, doch sogar ein Menschenleben verschont und seine Beute mit der armen Bevölkerung

geteilt. Zu den diversen Höhlen, in denen sich der Verbrecher versteckte, sollen die rund 100 Meter langen Gänge unterhalb der Rosenburg gehört haben. Zum Teil sind sie so niedrig, dass der Zweitname „Zwergloch" berechtigt erscheint. Seinen Verfolgern entkam Grasel trotz seiner vielen Verstecke letztlich nicht: 1818 wurde er auf dem Wiener Glacis gehenkt.

Aber zurück ins Waldviertel, zu Gozwin de Rosenberg, dessen Familie die Geschicke der 1175 erstmals urkundlich erwähnten **Rosenburg** bis zum 14. Jahrhundert lenkte. Auf dem Renaissancekamin im Marmorsaal ist das Wappen mit den zwei goldenen Drachenköpfen der Familie Hoyos zu sehen, in deren Besitz die Rosenburg seit 1681 ist.

Beides, sowohl die Renaissance als auch diese kontinuierliche Herrschaft, sind typisch für die Anlage: Die Familie Grabner, die die mittelalterliche Wehrburg ab 1487 in ein Renaissanceschloss umbau-

139

*Blick auf die Rosenburg*

en ließ, war mehr als hundert Jahre lang ihr Besitzer.

Heute finanziert die Familie Hoyos die Burg u. a. durch Seminare und Feste: Wer möchte, heiratet standesamtlich im **Sitzungssaal** oder im **Turnierhof** bzw. kirchlich in der gotischen **Kapelle,** empfängt Gäste in der **Bibliothek** und feiert im **Marmorsaal** oder im **Burghof.** Das alles lässt sich auch ohne festlichen Anlass besichtigen, wobei der Turnierhof und die Aussichtsterrasse, die während der Falknereivorführungen von Falken, Adlern, Eulen, Raben und Geiern als Flugplatz genutzt wird, mit ihrer vornehmen Weitläufigkeit beeindrucken. Gern gebucht wird das Renaissanceschloss für Filmproduktionen von geschichtlichen Dokumentationen bis hin zu Historienschinken à la *Angélique – Eine große Liebe in Gefahr.*

## Rund um den Umlaufberg

Wer selbst aktiv werden möchte, klettert im **Erlebnispark** gegenüber vom Eingang durch die Bäume oder schießt am Boden mit Pfeil und Bogen auf Tierattrappen. Im Vergleich zu wackeligen Seilbrücken und Flying Foxes erscheint die Wanderung zu ebener Erde ziemlich unspektakulär. Kurz vor dem 1907 errichteten **Elektrizitätswerk** geht der verwachsene, von Himbeersträuchern gesäumte Waldweg allerdings in einen Steig über, der stellenweise steil zum **Kamp** abfällt und auf diese Weise zumindest für einen kleinen Nervenkitzel sorgt.

Eine zweibogige Betonbrücke führt ans gegenüberliegende Ufer, wo die stattliche **Rauschermühle** ein Jahr vor dem Bau des E-Werks vom Wassernetz gegangen ist. Ein wichtiges Jahr ihrer Ge-

*Am Kamp*

schichte wird in der mehrzeiligen In-schrift über dem Portal dokumentiert, die zusammengefasst besagt, dass Thomas Zienner, Abt von Altenburg, die Mühle 1613 gekauft, von Grund auf umgebaut und dem Kloster einverleibt habe. Damit wurde das heute nach dem letzten Müller benannte, hakenförmige Gebäude Sommersitz der Altenburger Äbte.

Den Wintersitz erreicht man über den Steig, der hinter der Rauschermühle be-ginnt und gemeinsam mit dem Kamp-wasser dem Umlaufberg folgt. Die Mau-erreste entlang des Wegs gehörten einst zur Einfassung des **Tiergartens** von Stift Altenburg, der bis hierher ans Ufer reichte. Am Ende einer Schwemm-wiese zweigt der Waldweg zum Stift ab. Wasserfeste Schuhe sind auch auf die-sem letzten, gelb markierten Abschnitt vom Flusstal auf die Anhöhe nicht von

Nachteil, kreuzt doch immer wieder der **Försterbach** den Weg.

## Picknick im Schöpfungsgarten

Während des Anstiegs durchbricht von der **Stiftskirche** her der Klang der Stun-denglocke die Waldesstille und stimmt so auf den Besuch des abgelegenen Klosters ein. Wer Schlag zwölf Uhr den Wald verlässt und durch die Höfe des Stifts zur Kirche geht, sollte die Gunst der Stunde nutzen und beim Mittagsge-bet der Mönche dabei sein. Unter den raumfüllenden Fresken Paul Trogers, von denen das 700 Quadratmeter große Kuppelfresko mit dem wasserspeienden Drachen das prächtigste ist, ist nicht nur Zeit zum Ankommen, sondern auch zum Einstimmen auf das einzigartige Kunst-programm, das Abt Placidus Much dem Stift Anfang des 18. Jahrhunderts verord-

141

*Stiftskirche und Krypta von Stift Altenburg*

*Mittelalterliche Gewölbe des Stifts*

nete. Neben Troger haben der Baumeister Joseph Munggenast und der Maler Johann Jakob Zeiller (1708–1783) in der Kirche, der Bibliothek, der Kaiserstiege und der Krypta ihre Werke hinterlassen. Vor der Besichtigung dieser eindrucksvollen, von würdiger Stille durchströmten Räume und der nicht minder beeindruckenden, bei archäologischen Grabungen freigelegten Reste der mittelalterlichen Klosteranlage, die buchstäblich das Fundament des barocken Prunkbaus bildet, ist aber erst einmal Zeit fürs Mittagessen. Der mit Abstand schönste Picknickplatz findet sich im **Schöpfungsgarten** gleich neben der Kirche im Schatten eines großen Nussbaums. Begleitet vom Klappern der Teller und des Bestecks, das aus den offenen Fenstern des angrenzenden Klostertrakts zu hören ist, nimmt man akustisch teil am Klosterleben, während die Sitznischen in der halbrunden Steinmauer zugleich einen privaten Rahmen schaffen. Den meditativen Klangteppich legt ein Brunnen aus, dessen Wasserstrahl gleichförmig plätschert.

Von diesem paradiesischen Platz, an dem man an- und abwesend zugleich ist, möchte man am liebsten gar nicht mehr fort. Fast schade, dass Placidus Much so viel Sehenswertes hier hinterlassen hat, darunter manches, das beim informativen Rundgang durch das vielseitige Stift noch nicht einmal zu sehen ist: Neben Land- und Forstwirtschaft, Jagd- und Fischrevieren hat der Weinbau in Limberg am Manhartsberg über Jahrhunderte das Kloster am Leben erhalten. Dort hatte der aus dem Nachbarort Straning stammende Abt 1755 Rebflächen erworben.

In der Kombination aus mittelalterlichem Kloster und barockem Repräsen-

143

*Kamptal-Seenweg 620*

*Die alte Trafik*

tationsbau mit allem, was in dieser Zeit dazugehörte, ist das Benediktinerstift Altenburg einzigartig in Niederösterreich. Dabei ist der Tod allerorten präsent: Übereinander gestapelt sind die Schädel und Knochen unzähliger Mönche, die bis zum Verbot der Hausbestattung durch Kaiser Joseph II. in der gotischen **Veitskapelle** ihre letzte Ruhe fanden. Totenköpfe und Gebeine als Symbole der Vergänglichkeit allen Seins finden sich auch an der Decke der weitläufigen **Krypta**, 1745 möglicherweise als künftige Gruft für Abt Placidus Much ausgestattet. Die heitere Farbenpracht der Secco-Malereien wirkt grotesk angesichts des Totentanzes, bei dem in den Gewölbebögen Jung und Alt, Mann und Frau hinweggerafft werden.

Ebenfalls auf den verschütteten Resten des mittelalterlichen Klosters fußt die Aussichtsterrasse an der Ostseite des Stifts, die sog. **Altane**. Von ihr reicht der Blick bis zurück zur Rosenburg, die so klein wie ein verloren gegangenes Spielzeug in den ausgedehnten Wäldern des Kamptals liegt.

## Moderne Mühle

Wer auf dem Rückweg schon seine Füße spürt, findet kurz vor der Ankunft in Rosenburg eine Alternative für den nächsten Ausflug: Wo der Kamp eine Kehre macht, gibt es mit dem **Kanuzentrum Rosenburg** einen Ausgangspunkt für Flusswanderungen. Von der unmittelbaren Wasserkraft längst unabhängig ist die **Mantler-Mühle** in Rosenburg, wo im Gegensatz zur Rauschermühle noch eifrig Weizen gemahlen wird, mittlerweile allerdings vom Computer gesteuert. Auch von hier spannt sich ein Band zurück zum Stift Altenburg: 1607 vermach-

*Naturparadies Kamptal*

te ein Herr namens Erasmus von Lichtenstein zu Corneidt die Schulhofmühle testamentarisch dem Stift. 1853 gelangte „das Haus Nr. 12 zu Rosenburg, samt dem dazugehörigen Mühlengelände mit fünf Mahlgängen" in den Besitz der Familie Mantler, die den Betrieb heute noch führt.

Nur 15 Häuser umfasste der kleine Ort am Fuß der Rosenburg 1892. Bis heute ist er von der Zahl der Einwohner her und geografisch weit entfernt von einer Stadt, auch wenn um die Wende vom 19. zum 20. Jahrhundert zahlreiche Sommerfrischevillen, drei Gaststätten, zwei Hotels und eine Volksschule errichtet wurden. Das Bahnhofsgebäude stammt ebenfalls aus dieser Zeit. Bevor man dort wieder in den Zug steigt, sollte man noch an einem Kuriosum kurz vor der Einmündung in die Kamptal-Straße stehen bleiben: „Der im ba-

rocken Stil erbaute **Kiosk,** dessen Dach an orientalische Formen erinnert, stellt wahrscheinlich die älteste K. K. Taback Traffick der Region dar", heißt es im Schaukasten des Häuschens mit der Hausnummer 65. Viel Zeit ist für dessen Besichtigung nicht einzuplanen: Im Gegensatz zur Rosenburg oder zum Stift Altenburg reicht für das „Mini-Museum" ein einziger Blick durchs Fenster.

145

*Historische Greifvogelvorführung,*
*Renaissanceschloss Rosenburg*

**Tour 13**

## Pilgern & entdecken

▸ **Stift Altenburg,** Abt-Placidus-Much-Straße 1, 3591 Altenburg, www.stift-altenburg.at. Geöffnet von 1.5. bis 26.10. tägl. 10–17 Uhr für die individuelle Besichtigung, Stiftsführungen Sa., So. & Feiertag um 11 & 14 Uhr; Stundengebete um 6, 12 & 17.30 Uhr in der Stiftskirche; Gästehaus; Kurse und Exerzitien; Kulturveranstaltungen.

## Erleben & besichtigen

▸ **Graselhöhle** zwischen Ort und Schloss Rosenburg
▸ **Rosenburg,** 3573 Rosenburg 1, www.rosenburg.at. Öffnungszeiten, Preise und weitere Infos lt. Homepage oder unter schloss@rosenburg.at.
▸ **Erlebnispark Rosenburg** mit Kletterpark & 3-D-Bogenparcours, 3573 Rosenburg 1, www.erlebnisparkrosenburg.at. Saison von Mitte März bis Ende Oktober, tägl. geöffnet nur in der Osterwoche, 10–18 Uhr, sowie im Juli & August, 10–19 Uhr.
▸ **Rauschermühle** am Kamp, nur von außen zu besichtigen

## Einkehren & genießen

✕ **Landgasthof Mann,** 3573 Rosenburg 51, www.hotelmann.at
✕ **Schlossgasthof,** 3573 Rosenburg 2, www.schlossgasthofrosenburg.at
✕ **Schlosstaverne,** 3573 Rosenburg 1, www.rosenburg.at/schloss-taverne/
✕ **Stiftsrestaurant Altenburg,** Abt-Placidus-Much-Straße 1, 3591 Altenburg, www.strobls.co.at/stifts-restaurant-altenburg
✕ **Gasthaus Rosenstube,** 3573 Rosenburg 13, www.rosenstube.com

## Hinkommen & gehen

**Länge:** 11,8 km
**Gehzeit:** ca. 3 h 30 min
**Anfahrt/Rückfahrt:** Mit dem Regionalzug bis/ab Rosenburg/Kamp Bhf.
**Mit dem Auto:** Parken am Bhf. Rosenburg/Kamp
**Route:** Am Bhf. Rosenburg links und auf dem Fußweg entlang des Parkplatzes Richtung Rosenburg, beim Schild „Fußweg zur Rosenburg 20 Minuten" links, Taffa überqueren, vor dem Eisenbahnübergang Straße verlassen und Kamp auf der Fußgängerbrücke überqueren. Auf dem rot markierten Wanderweg (Rosenburg-Rundweg Nr. 43) vorbei an der Graselhöhle ❶ durch den Wald zur Rosenburg ❷. Nach der Besichtigung Zufahrtsstraße queren und weiter auf dem rot markierten Rosenburg-Rundweg Nr. 43 erst halb rechts über den Parkplatz und die Wiese, dann durch den Erlebnispark ❸ und durch den Wald, an der Wegkreuzung ober-

halb des Kamp links und parallel zum Fluss zum E-Werk. Hinter dem E-Werk rechts hinunter, Kamp queren, links zur Rauschermühle ❹, hinter der Mühle links Richtung Stift Altenburg und weiter am nördlichen Ufer auf dem rot markierten Wanderweg bis zum Scheitelpunkt am Umlaufberg (ca. 1,5 km). Nach dem Durchqueren der Schwemmwiese rechts ab in den gelb markierten Weg hinauf zum Stift Altenburg ❺. Nach der Besichtigung auf demselben Weg zurück zur Rauschermühle, dort jedoch links auf die asphaltierte Zufahrtsstraße und dem rot markierten Kamptal-Seenweg 620 folgen, der nach rund 1 km in die L8006 mündet und am nördlichen Ufer des Kamps durch den Ort Rosenburg zum Bhf. führt.

# Entlang des Kamps
# von Zwettl zum Stift Zwettl

So weltenfern wie bei seiner Gründung liegt Stift Zwettl heute nicht mehr: Bei einer Wanderung, die vorbei an zwei ehemaligen Stiftmühlen zum Kloster führt, kreuzt man die neue Umfahrung, mit der die Zivilisation sehr nah an die alten Gemäuer heranrückt. Trotzdem ist sowohl bei der Besichtigung des Klosters als auch bei der Wanderung am Kamp entlang noch etwas von jener Abgeschiedenheit spürbar, in der sich Zisterziensermönche aus Heiligenkreuz 1138 niedergelassen haben.

## Mönch mit schwarzer Kutte

Am westlichen Ortsrand von **Zwettl** ist der Gewerbesaum der alten B38 in die Landschaft ausgefranst. Weil hier offenbar nicht nur ins Möbelhaus und zum Supermarkt, sondern auch zum „Haar-Wunderland" mit dem Auto gefahren wird, begleitet die Besucher Verkehrslärm auf dem Weg von Zwettl zum Zisterzienserstift und zurück: Die neue, großteils dreispurige Umfahrung soll zwar Autos vom Zentrum fernhalten, durchschneidet dafür aber das einst so ruhige Naherholungsgebiet zwischen Stift und Stadt. Wer trotz Vorrang für den motorisierten Individualverkehr mit Öffis zum Ausgangspunkt der Wanderung an der **Kampbrücke** gelangen möchte, muss den Bus nehmen, denn über das imposante Eisenbahnviadukt am nordöstlichen Rand von Zwettl fahren nur noch Sonderzüge.

Allen zivilisatorischen Auswüchsen zum Trotz konnten sich Natur und Geschichte einige Refugien bewahren. Zu ihnen gehört die **Köpplmühle** gleich am Ausgangspunkt der Wanderung unmittelbar neben der Kampbrücke. Die von Stift Zwettl erbaute, im 13. Jahrhundert erstmals erwähnte Mühle wurde nach der Zerstörung durch die Hussiten 1427 wieder auf- und von 1578 bis 1594 im Stil der Renaissance umgebaut. Knapp zwei Jahrhunderte lang, von 1803 bis 1971, gehörte sie der Familie Köppl. Heute wird das ansprechend sanierte, zweigeschossige, hufeisenförmige Gebäude zwar privat genutzt, weist Vorübergehende aber mit einem hölzernen Tafelbild über dem Eingang, auf dem u. a. der in eine schwarze Kutte gekleidete Mönch Bernhard von Clairvaux abgebildet ist, auf seinen klösterlichen Ursprung hin.

Daran erinnert auch das runde Bild, das nur ein paar Schritte weiter an einer an-

*Köpplmühle*

deren Hauswand hängt: „Im Jahre 1137 gründeten laut Überlieferung Zisterziensermönche von diesem Areal aus das Kloster Stift Zwettl", heißt es auf der dazugehörigen Tafel. Hier in Oberhof, wo der städtische Burgfried endete und der geschlossene Klosterbesitz begann, soll das ursprüngliche, hölzerne „Klösterlein" gestanden haben. Eine Stiftung Hadmars I. von Kuenring hatte kurz vor seinem Tod 1138 die neue Niederlassung ermöglicht, die von Mönchen aus Heiligenkreuz (➤Tour 4) besiedelt wurde. Eine Gründung des dritten Jahrtausends ist dagegen der **Wurmhof Thaller** am Ortsausgang von Zwettl. Von den rund zwei Millionen Regenwürmern, die rund 500 Kubikmeter Humus im Jahr produzieren, ist im Vorbeigehen zwar nichts zu sehen, dafür nehmen ein paar Kälber aus einem Verschlag am Weg Vorübergehende neugierig in Augenschein –

150

Stiermist ist neben Kleegras, Stroh und Steinmehl einer der Ausgangsstoffe des Regenwurmdüngers.

## Märchenhafte Neumühle

Waldhackgut und Rinde aus der Region liefern dagegen kurz vor der Abzweigung zum Stift Zwettl den Brennstoff für das 2003 in Betrieb gegangene **Biomasse-Fernheizwerk**. Aus dem typischen Rohstoff des Waldviertels sind auch die Holzstöße beim **Traunerhäusl** aufgeschlichtet, wo sich der Weg zwischen einem Stadl aus dunklem Holz und einer mächtigen Fichte gerade deswegen besonders idyllisch hindurchschlängelt, weil bis dahin das Gewerbegebiet entlang der Einfallstraße die Aussicht beherrschte. Das Traunerhäusl gehörte einst ebenfalls zum Stift Zwettl, das dort einen Ziegelofen betrieb.

*Neumühle*

Nach der Querung der wenig idyllischen **Umfahrung** taucht der Weg in den Wald ein und bekommt Gesellschaft eines glucksenden Bächleins. Durch die Bäume schimmert kurz darauf die ockergelbe Fassade der **Neumühle,** ein weiterer Vorbote des Stifts, errichtet im 17. Jahrhundert in einer Schleife des **Kamps,** über den seit 1914/16 eine „Privat-Brücke des Stiftes Zwettl" führt. Gegenüber ermuntert eine **Waldandacht** zum Verweilen an diesem Ort, der wie der Schauplatz eines Grimm'schen Märchens wirkt. Als passende Illustration hängt eine giftgrüne Maske mit Gramesfalten auf der Stirn an einem der Bäume am Wegrand. „Bist heute zwida? Dann findst Di in uns wieda!", lautet die Botschaft an Vorübergehende. Warum jemand dieser Stimmung sein könnte, erklärt eine andere Holzarbeit, die aus einer schwarzweiß und einer bunt angemalten Tafel besteht:

„Denkst nur Schwarz und Weiss, wirst zwida – denk doch bunt, daun gfreist Di wieda!" Tatsächlich gibt es hier in der unmittelbaren Umgebung des eigentlichen Klosters, wo Natur und Besiedlung im Lauf der Jahrhunderte zu einem harmonischen Ganzen verschmolzen sind, wenig Grund für Unmut. Wie zuvor die Neumühle schmiegt sich **Stift Zwettl** in eine Schleife des Kamps, wodurch die Versorgung mit Fisch und Frischwasser gesichert war. Wasser, Mühle, Garten, eben alles Notwendige solle innerhalb eines Klosters vorhanden sein, heißt es in der Benediktsregel. Bei der Anlage von Stift Zwettl wurde sie vorbildlich befolgt.

151

## Karpfen aus dem Stiftsteich

Mit 90 Hektar Wasserfläche ist das Stift noch heute einer der größten Teichwirte im Waldviertel. Hauptsächlich Karp-

## Die Zisterzienser

Dass Reichtum und Prachtentfaltung ihre ursprünglich einfache Lebensweise verdrängt hatten, veranlasste im 11. Jahrhundert einige Benediktiner dazu, sich auf den Weg zu ihren Wurzeln zu machen: Unter Führung von Robert von Molesme (um 1028–1111) gründeten sie im Burgund das Kloster Cîteaux (lat. *cistercium,* dt. Zisterze), wo sie streng nach der Benediktsregel in Abgeschiedenheit von der Welt allein von ihrer Hände Arbeit leben wollten.

Großen Zulauf erhielt die neue Gemeinschaft mit Bernhard von Clairvaux, Abt des gleichnamigen Tochterklosters, von dem aus wiederum Dutzende von Abteien in ganz Europa gegründet wurden. Die erste Gründung in Österreich war 1129 das steiermärkische Stift Rein, das zugleich das weltweit älteste noch bestehende Zisterzienserkloster ist.

Weil die Mönche getreu des Arbeitsethos des heiligen Benedikt fleißig und gut organisiert waren, waren viele Konvente wirtschaftlich erfolgreich. Ihre großen Ländereien konnten sie bald nicht länger in Eigenarbeit bewirtschaften, zumal sich viele junge Männer lieber den neu aufkommenden Bettelorden anschlossen. Damit praktizierten die Zisterzienser allerdings immer mehr jene Lebensform, von der sie sich durch ihre Gründung eigentlich distanziert hatten.

Der Verzicht auf Besitz und Erwerb von Reichtümern gehört bis heute zu den zentralen Elementen des Ordenslebens: „So werden unsere Herzen befreit von der Beschäftigung mit materiellen Dingen", heißt es in einer im Jahr 2000 veröffentlichten Erklärung des Generalkapitels. Gegenwärtig gehören dem Orden rund 1600 Mönche und 800 Nonnen an; dazu kommen die Trappisten, die aus Reformbestrebungen im französischen Kloster La Trappe hervorgingen und heute einen eigenen „Zisterzienserorden der strengeren Observanz" bilden.

*Stift Zwettl mit der Bogenbrücke*

fen, aber auch Hechte, Zander, Schleien und Forellen sind gleich hinter der steinernen **Bogenbrücke** erhältlich, die die Mönche bereits Mitte des 12. Jahrhunderts erbauen ließen. Sie gehört damit zu den ältesten noch erhaltenen Bauteilen des Stifts sowie den ältesten technischen Denkmälern Österreichs und ermöglicht einen schönen Blick auf das Stift, das mit seinen vielen verschiedenen Gebäuden eher wie ein kleines Dorf als wie ein Kloster wirkt.

Bei einer Führung durch den Kreuzgang, die Kirche und die kleine **Schatzkammer,** die u. a. eine Elfenbeinmadonna aus dem 13. Jahrhundert mit bemerkenswert lebendigen Gesichtszügen birgt, ist zu erfahren, dass das Holz aus den umliegenden Wäldern die Haupteinnahmequelle des Stifts bildet. Wie das Leben hier einst gewesen sein mag, lässt sich am besten bei einem eigenständigen

Rundgang nachempfinden, v. a. wenn man sich alltags mit dem informativen Audioguide auf den Weg zurück in die Stiftsgeschichte macht. Die geistliche Musik aus den Kopfhörern und das Rauschen des Kamps, dessen Wasser unaufhörlich durch das bebaute Tal strömt wie Blut durch einen Körper, spülen jeden Gast in Sekundenschnelle zurück ins Mittelalter.

Der Lebensader des Stifts verdankten die Mönche auch ihr **Necessarium** (dt. notwendig), eine der damals modernsten Latrinen Europas: Löcher im Bretterboden oberhalb des rauschenden Wassers ergaben ein zweckmäßiges WC. Vom Necessarium waren es nur wenige Schritte zum **Dormitorium** (lat. *dormire,* dt. schlafen), unter dessen romanischem Kreuzgewölbe sich in der Anfangszeit des Klosters alle Mönche gemeinsam zur Nachtruhe betteten.

153

*Kreuzgang mit Garten im Stift Zwettl*

Von zeitloser Ruhe ist der **Kreuzgang,** in dem wegen der 60 Jahre andauernden Bauzeit Rundbögen der Spätromanik auf Spitzbögen der Frühgotik treffen. Licht und Luft bezieht er aus seinem Zentrum, dem zum Himmel hin offenen **Garten** (❯ S. 148). Die fünf von Buchsbaumhecken umkränzten Beete greifen in Umfang und Form das sechseckige **Brunnenhaus** auf.

Im Kontinuum der Jahrhunderte rücken hier Probleme, deren Lösung gerade noch wichtig und dringend erschien, in weite Ferne. Wer nur ein paar Minuten lang allein in dem steinernen Gangviereck verweilt, den Blick durch die Arkaden in den Garten hinaus schweifen lässt und dem gleichmäßigen Plätschern des Wasserstrahls im Brunnenbecken zuhört, fühlt sich der lauten und anstrengenden Welt auf wundersame Weise enthoben.

## Hörgenuss vom Feinsten

Eine umfassende Renovierung hat die etwas düstere Atmosphäre vergangener Jahrhunderte aus der 1490 fertiggestellten **Stiftskirche** vertrieben. Trotz ihres barocken Innenlebens wirkt diese größte Kirche des Waldviertels nun hell und fast modern. Neben dem Augenschmaus verspricht der Besuch der Kirche bei einem Orgelkonzert Hörgenuss vom Feinsten: Die 35 Register umfassende Hauptorgel auf der Westempore von Johann Ignaz Egedacher (1675–1744) zählt zu den bedeutendsten Barockorgeln Niederösterreichs. Bauliche Raffinesse zeichnet die zweite Orgel aus, die 1726/27 in das wuchtige Chorgestühl im Zentrum der Kirche integriert wurde. Weil seit der Renovierung die Kirche zwar in neuem Glanz erstrahlt, aber eine Heizung nach wie vor fehlt, werden Got-

*Stammbaum der Kuenringer in der Stiftsbibliothek*

*Blick auf Stift Zwettl*

tesdienste in den Wintermonaten weiterhin im **Cellarium** abgehalten.

Selbst wer als Gast länger im Stift verweilt, z. B. bei einem Seminar im Bildungshaus, muss nach ein paar Tagen wieder in die Welt hinaustreten. Die Ankunft lässt sich hinauszögern, indem man auf dem Rückweg zur Bushaltestelle in Zwettl einen aussichtsreichen Bogen über die Orte Edelhof und Rudmanns schlägt. Ein kurzer Anstieg durch einen lichten Wald ermöglicht den Blick zurück auf das Stift, das sich in den Talkessel schmiegt. Heraus ragt nur der rund 80 Meter hohe Kirchturm, einer der höchsten Niederösterreichs.

Den Wald hinter sich lassend, geht es durch die Felder Richtung Süden. Das beliebte Siedlungsgebiet **Rudmanns** vier Kilometer östlich von Zwettl gehörte laut einer Urkunde aus dem Jahr 1139 ebenfalls einmal dem Stift. Zwar hat es seinen Charakter als idyllisches Breitangerdorf bewahrt, die Umgebung aber ist wegen der zersiedelten, von Straßen zerschnittenen Landschaft wenig anheimelnd. Die geruhsame Abgeschiedenheit von der Welt, wie man sie am Kamp und im Kloster heute noch fühlt: Hier ist sie nur noch Erinnerung.

155

**Tour 14**

## Pilgern & entdecken

▸ **Waldandacht** gegenüber der Neumühle
▸ **Zisterzienserstift** Zwettl, Stift Zwettl 1, 3910 Zwettl, www.stift-zwettl.at. Geöffnet von Palmsonntag bis 31.10. tägl. 9.30– 16.30 Uhr für individuelle Besichtigungen, außerdem Führungen um 11, 14 & 15 Uhr (Mai bis September auch Sa., So. & Feiertag um 12.30 Uhr); Stundengebete in der Stiftskirche oder im Cellarium; Seminare, Exerzitien, Veranstaltungen & Urlaub im Bildungshaus; Konzerte.

## Erleben & besichtigen

▸ **Köpplmühle**, Oberhof 1, 3910 Zwettl
• **Wurmhof Thaller**, Oberhof 28, 3910 Zwettl, www.wurmhof.at
• **Traunerhäusl**, Rudmann 71, 3910 Zwettl
• **Neumühle**, südlich des Stifts am Kampufer

## Einkehren & genießen

✕ **Stiftsrestaurant**, Stift Zwettl 16, 3910 Zwettl, www.stiftsrestaurant-zwettl.at

## Hinkommen & gehen

**Länge:** 11,5 km
**Gehzeit:** ca. 2 h 45 min
**Anfahrt:** Bus WA1 ab Krems/Donau Bhf. Richtung Gmünd Schubertplatz bis Zwettl Kampbrücke
**Rückfahrt:** Bus WA1 ab Zwettl Busbhf. (Gerungser Straße) bis Krems/Donau Bhf.
**Mit dem Auto:** Parken an der Köpplmühle in Oberhof
**Route:** Von der Bushaltestelle vor der Kampbrücke rechts hinunter zur Köpplmüh-

le ❶, dann der Straße durch den Ortsteil Oberhof folgen, am Ortsausgang beim Wurmhof Thaller ❷ allerdings nicht geradeaus weiter, sondern rechts Richtung Bogenzentrum. Weiter parallel zur alten B38, hinter dem Biomasse-Fernheizwerk links, vorbei am Traunerhäusl ❸, Umfahrung Zwettl unterqueren und durch den Wald zur Neumühle ❹ und zur Waldandacht ❺. Von dort am Ostufer des Kamps in nördlicher Richtung zum Stift Zwettl ❻. Nach der Besichtigung zurück zur Kreuzung südlich der Bogenbrücke, von dort geradeaus auf dem rot markierten Wanderweg 06 bzw. 620

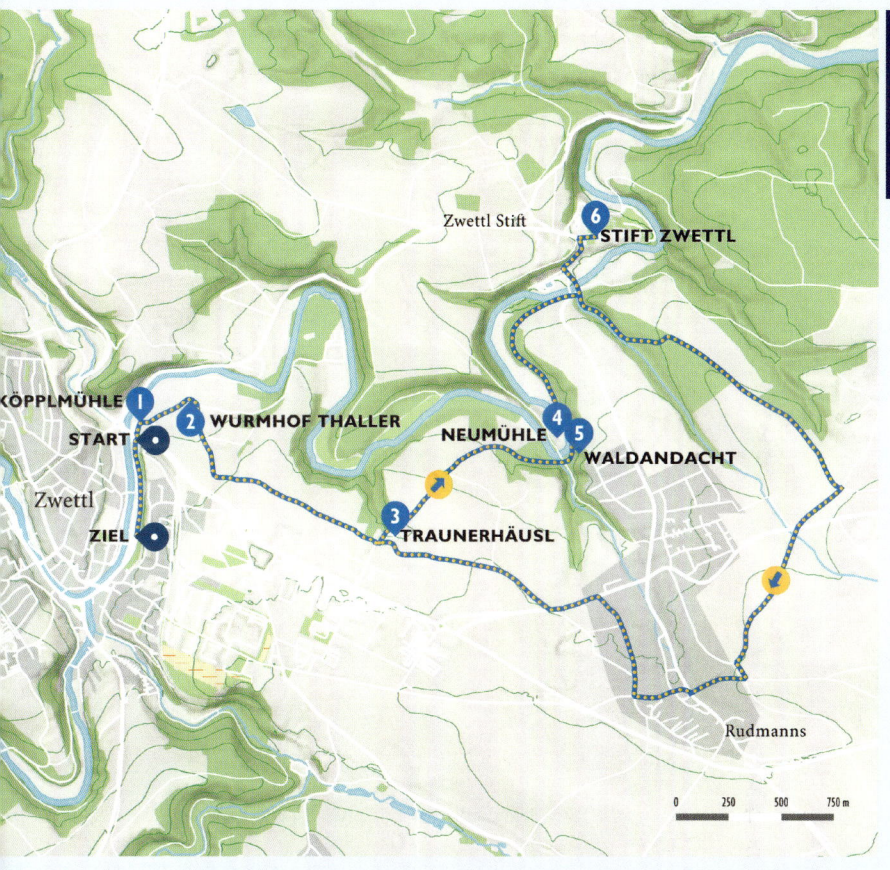

entlang bis zur Wegkreuzung kurz vor dem Ort Edelhof. Dort rechts, Landesstraße queren und geradeaus weiter Richtung Südwesten. Bei der zweiten Möglichkeit (Wegkreuzung mit Marterl und Bank) rechts hinunter nach Rudmanns, Hauptstraße queren und vorbei an der Kirche weiter Richtung Westen. Kurz vor dem Ortsende bei Haus Nr. 82 rechts hinunter zur Landesstraße, dort links und nach ca. 200 m rechts in den Feldweg Richtung Westen zurück zur Wegkreuzung am Traunerhäusl. Vom dort wie auf dem Hinweg zurück nach Oberhof, beim Parkplatz an der Köpplmühle allerdings rechts hinunter zum Kamp und auf dem Fußweg entlang des Flusses bis zum Busbhf. an der Gerungser Straße.

# 15 | Idylle mit Ecken und Kanten

# Von Rosenau am Sonntagberg zum Stift Seitenstetten

Wenn die Sonne die Hügel im Frühherbst mit einem warmen Schimmer überzieht, Äpfel rot an den Bäumen leuchten und Mais auf den Feldern raschelt, quillt sie aus jeder Pore der Landschaft, die sprichwörtliche Mostviertler Idylle. Mächtige Bauernhöfe sitzen hinter den Kapellen und Bildstöcken, die die Wege zwischen Rosenau am Sonntagberg und Seitenstetten säumen. Bald glaubt man zu wissen, warum Stift Seitenstetten den Beinamen „Vierkanter Gottes" trägt.

## Vom Sonntagberg nach Seitenstetten

„Nächster Halt: Rosenau. Bedarfshaltestelle. Bei Haltewunsch bitte Haltewunschtaste drücken." Die Ansage im Regionalzug lässt bereits darauf schließen, was beim Aussteigen Gewissheit wird: **Rosenau am Sonntagberg** ist nicht unbedingt ein Zentrum des Weltgeschehens. Mit knapp 1200 Einwohnern ist die übersichtliche Ansiedlung am Ufer der Ybbs jedoch der größte Ort der Marktgemeinde Sonntagberg. Was sie über die Region hinaus bekannt macht, steht nicht hier unten an den Ufern der Ybbs, sondern oben auf dem rund 700 Meter hohen Sonntagberg. Vater der **Basilika am Sonntagberg** ist ein Abt aus Seitenstetten: 1440 ließ Benedikt I. neben dem sog. Zeichenstein, den die christliche Legende mit wundertätigen Kräften in Verbindung bringt, eine Kapelle erbauen, die 50 Jahre später durch eine

spätgotische Kirche und Anfang des 18. Jahrhunderts wiederum durch einen barocken Neubau ersetzt wurde. Dass er weniger Stift Seitenstetten als Stift Melk (▶ Tour 11) ähnelt, liegt an Baumeister Jakob Prandtauer, der für den Sonntagberg sein Hauptwerk am Eingang der Wachau variierte. Nach seinem Tod übernahm sein Neffe Joseph Munggenast 1718 zeitgleich mit dem Stiftsneubau in Seitenstetten auch den Bau der Basilika am Sonntagberg.

Der engen Verbindung zwischen beiden Orten gehen noch heute viele Pilger nach, wobei sie üblicherweise beim Stift Seitenstetten starten und mit der Wallfahrtskirche auf dem Sonntagberg ihr Ziel erreichen. Ob kommend oder gehend bringt die Golden-Gate-Bridge des Mostviertels, wie die Hängebrücke zwischen Rosenau und Oismühle spöttisch genannt wird, Fußgänger und Radfahrer sicher ans andere Ufer der Ybbs. In ihrem vom Kraftwerk Oismühle aufgestau-

159

*Blick auf das Ybbstal und die Basilika am Sonntagberg*

ten Wasser spiegeln sich die Bäume, die sich dicht an den Fluss herandrängen. Für einen Panoramablick über Hügel und Berge östlich der **Ybbs** inklusive Basilika am Sonntagberg ist die Anhöhe des **Linsbergs** zu erklimmen. Der Fichtenwald gehört den Eichhörnchen, v. a. aber den Hähern, die jede Störung der Revierruhe mit lautem Krächzen ahnden.

Am Waldrand, aber noch im Dunkel unter den Bäumen, erinnert ein **Wegkreuz** an drei Bauern und das traurige Ende, das sie hier fanden: Der Linsberger, der Moselberger und der Hinterberger wurden 1805 von Franzosen, für die sie einen Vorspanndienst übernommen hatten, an einen Baum gebunden und erschlagen. Wenig später durchschneidet der Weg die Wiesen unterhalb des Linsberghofs. Wo Kuhglocken bimmeln und ein Raubvogel seine Kreise zieht, startet mit der Mitte des 19. Jahrhun-

derts errichteten winzigen **Linsberger Kapelle,** die zwischen einer mächtigen Linde und einem ausladenden Maisfeld noch kleiner wirkt, eine exklusive Serie, an deren Ende mit der 2008 errichteten Schintinger Kapelle zufällig das prächtigste Exemplar steht.

## Kühe, Katzen und Kapellen

Vor einer Rast auf der ihr zur Seite gestellten Bank mit Blick auf die Stiftskirche Seitenstetten geht es über den Moselberg zunächst zur **Mitterriedler Kapelle,** 1960 von Josef und Katharina Bühringer aus Dankbarkeit über den Wiederaufbau ihres Hofs nach einem Brand errichtet. Während von der angrenzenden Weide ein paar Kühe auf die Wanderer stieren, blickt der Engel auf der blauen Wolke im Giebel unbeeindruckt von jeglichem irdischen Geschehen himmelwärts.

*Die Ybbs bei Rosenau*

*Mitterriedler Kapelle*

Selbst in den Anblick der von Feldern, Wiesen, Wäldchen und Bauernhöfen lieblich dekorierten Hügel versunken, der an einem sonnigen Herbsttag an ein Bild Naiver Kunst erinnert, versäumt man leicht die Abzweigung des Wanderwegs, der unterhalb der Mitterriedler Kapelle nach rechts in die Wiese und dann in den Wald führt. Dort übernimmt ein Bächlein die Führung, bis der Steig in eine Straße mündet. Auf ihr geht es zunächst eben dahin bis **Distlhof** und dann in einer Schleife hinauf nach **Kaltaigen**. In der Wiese links liegt eine Katze auf der Lauer, in der Wiese rechts steht ein **Bildstock,** dessen Entstehungslegende wiederum mit den Napoleonischen Kriegen zusammenhängt: Nachdem das Kreuz, das fünf hier begrabenen Franzosen gesetzt wurde, umgefallen war, sollen Poltergeister keine Ruhe gegeben haben, bis man ein neu-

es Kreuz setzte, das 1990 durch den Bildstock ersetzt wurde.

Aus unbekanntem Anlass wurde etwa 200 Meter weiter westlich 1886 die **Metzenöder Kapelle** gebaut, die durch ihr hohes, spitzes Pyramidendach auffällt. Offen bleibt auch, welche geschichtlichen Wurzeln ein Bildstock bei Dachsbach hat. Malerisch umrahmt wird er von einigen Kastanien und einem zartrosa blühenden Feld. Im Hintergrund steht die regotisierte Pfarrkirche von Wolfsbach, die seit 1517 dem Stift Seitenstetten inkorporiert ist.

Die Stiftskirche selbst ist von der bereits erwähnten **Schintinger Kapelle** zu sehen, die zwei Kilometer vor dem Kloster auf einem liebevoll gepflegten Areal zur Rast einlädt. Spätestens hier kommt man nicht mehr vorbei am Seitenstettner Gelb, der traditionellen Farbgebung für kirchliche und weltliche Gebäude im Mostviertel. Als verblasstes Schönbrunner Gelb entsprach es besser dem Zeitgeschmack des Neobarock. Es wird auf Rieselputz aufgetragen, wobei die Gebäudeöffnungen weiß bleiben, wie die Schintinger Kapelle im Kleinen und Stift Seitenstetten im Großen beispielhaft vorführen.

## Zwei gewaltige Vierkanter

Durch Wiesen voller Mostobstbäume nähert man sich **Stift Seitenstetten** von der Rückseite (➤ S. 158), wo große Sportplätze signalisieren, dass das **Stiftsgymnasium** mit seinen derzeit etwa 400 Schülern seit rund 200 Jahren ein wichtiger Wirtschaftszweig ist. Bei der Frage, welcher der beiden gewaltigen Vierkanter neben den Sportplätzen der Gottes ist, hilft die Farbe der Fassade weiter: Wie um Verwechslungen zu vermeiden, ist der zweigeschossige **Meierhof** nicht gelb, sondern rosa gefärbt. Zwischen 1769 und 1775 erbaut, misst er 66 mal 132 Meter und verfehlt damit nur knapp die Ausmaße des 90 mal 160 Meter großen Stifts. Seine Gewölbe werden für das Gasthaus des Stifts und für Veranstaltungen genutzt. Auf die Tische im Meierhof kommen je nach Saison Zutaten aus der Region. Gemüse und Obst liefert u. a. der ihm zur Seite liegende **Hofgarten.** Lange ein verwilderter Acker und in den 1990er-Jahren von Abt Berthold Heigl wieder zum geordneten Blühen gebracht, wachsen dort u. a. historische Strauch- und Kletterrosen sowie teils seltene heilsame Kräuter wie Pimpinelle, Heilziest, Marokkominze und Räucherwermut. Die verschiedenen Bereiche lassen die Geschichte und vielfältige Nutzung des Hofgartens Re-

vue passieren. So deutet der Eingangsbereich einen englischen Landschaftsgarten an und erinnert damit an das 19. Jahrhundert, während aus der Mitte des barocken Teils gemäß der alten persischen Vorstellung eine Quelle (die in diesem Fall ein Brunnen ist) entspringt. Die Wurzeln der gesamten Anlage, die als eine der wenigen barocken Klosterplanungen Österreichs vollständig realisiert wurde, reichen zurück bis an den Anfang des 12. Jahrhunderts, als ein Mann mit dem schönen Namen Udalschalk von Stille und Heft bei seiner Burg ein Kloster stiftete. 1114 übersiedelten die ersten zwölf Benediktinermönche aus Göttweig (➤Tour 8) nach Seitenstetten. An diese Anfänge erinnert die sog. **Ritterkapelle** im Herzen des Stifts, deren spätromanischer Saal mit Rundapsis allerdings nach einem Brand 1254 und noch einmal im Barock verändert wurde. Wer Stuckaturen mag, findet sowohl hier als auch in der **Stiftskirche** reichlich Anschauungsmaterial. Und wer bereits Stift Göttweig besichtigt hat, wird die eine oder andere Parallele zum Mutterkloster finden, etwa auf der **Abteistiege,** die trotz ihrer üppigen barocken Ausstattung im Vergleich wie ein bescheidenes Abbild der Kaiserstiege wirkt, wobei hier nicht Paul Troger, sondern Bartolomeo Altomonte die Pinsel für das Deckenfresko geschwungen hat. Einmal auf diesen Vergleich gebracht, erscheint auch der **Marmorsaal** von Stift Seitenstetten als kleinere Ausgabe des Göttweiger Altmanni-Saals. Im Gewölbe prangt zudem mit einer Allegorie der Religion und der Wissenschaft prompt ein Werk Paul Trogers, der in Seitenstetten ein reiches Betätigungsfeld fand: Das

*Stiftskirche Seitenstetten*

*Stiege hinunter zum Markt*

Fresko an der Decke der **Bibliothek** gilt sogar als eines seiner Hauptwerke. Die apokalyptische Vision über das Buch mit den sieben Siegeln besticht heute v. a. durch ihre leuchtenden Farben. Einen schönen Gegensatz dazu bilden die Bücher in den Regalen aus Nussholz, die Ende des 18. Jahrhunderts zumindest am Rücken einheitlich in weißes Leder gebunden wurden, was die Bibliothek wie aus einem Guss erscheinen lässt. Im Vitrinenaufsatz des barocken Rolladenschranks, der im Zentrum des zweigeschossigen Büchersaals steht, liegen einige alte Exemplare, deren schwere Deckel aus Buchenholz angefertigt wurden und deren Beschläge noch buchstäblich aufgeschlagen werden mussten, um die Seiten studieren zu können. Nach der Stiftsbesichtigung verlassen wir über eine breite Stiege das zum Markt hin abfallende Plateau, auf dem

Joseph Munggenast seinen Idealplan einer der Symmetrie verpflichteten barocken Klosteranlage verwirklicht hat. Zu ihren Füßen haben sich zahlreiche Gasthöfe und Restaurants niedergelassen, deren Getränke-, aber auch Speisekarten der Most dominiert. Nach Mostschaumsuppe, Mostarella, Mostbraten und Mostschoba geht es auf die letzte Etappe durch **Seitenstetten** und **Weidersdorf** nach **St. Peter in der Au,** wo im Gasthaus Lazelsberger direkt gegenüber vom Bahnhof weitgehend mostfreie Fleischgerichte serviert werden. Wer bis zur Abfahrt des Zugs Zeit hat, kann das angrenzende **Laziland** besuchen, einen Erlebnispark, der mit lebensgroßen Figuren die Sagenwelt und mit Mostpressen, Getreidemühlen und Reibsteinen die bäuerliche Kultur des Mostviertels vorstellt – das bodenständige Kontrastprogramm zum barocken Stift.

163

**Tour 15**

## Pilgern & entdecken

▸ **Linsberger Kapelle,** Linsberg 169;
  **Mitterriedler Kapelle,** Riedl 166;
  **Kaltaigener Bildstock,** Kaltaigen 26;
  **Metzenöder Kapelle,** Metzenöd 31;
  **Schintinger Kapelle,** Dachsbach
▸ **Benediktinerstift Seitenstetten,**
  Am Klosterberg 1, 3353 Seitenstetten,
  www.stift-seitenstetten.at. Geöffnet von

Ostern bis 31.10., Besichtigung nur mit
Führung um 10 oder 15 Uhr, Hofgarten
8–20 Uhr frei zugänglich; Chorgebet morgens sowie um 12, 17.30 & 18.45 Uhr in
der Ritterkapelle oder in der Stiftskirche;
Gästezimmer; Veranstaltungen; begleite-
te Pilgerwanderungen zum Sonntagberg.

## Erleben & besichtigen

▸ **Sagen- und Erlebnispark Laziland,**
  An der Bahn 50, 3352 St. Peter/Au,
  www.laziland.at

## Einkehren & genießen

✕ **Stiftsmeierhof,** Am Klosterberg 5, 3353
  Seitenstetten, www.stiftsmeierhof.at
☕ **Café Mitterer** am Klosterberg, Waidhof-
  ner Straße 2, 3353 Seitenstetten
✕ **Pizzeria Palermo,** Marktplatz 7, 3353
  Seitenstetten, www.pizzeriapalermo.at

✕ **Gasthof Wieser,** Marktplatz 2, 3353
  Seitenstetten, www.gasthaus-wieser.at
✕ **Mostviertlerwirt Ott,** Marktplatz 4, 3353
  Seitenstetten, www.mostviertlerwirt-ott.at
✕ **Gasthaus Lazelsberger,** An der Bahn 50,
  3352 St. Peter/Au, www.laziland.at

## Hinkommen & gehen

**Länge:** 11,5 km
**Gehzeit:** ca. 3 h 30 min
**Anfahrt:** Regionalzug bis Rosenau am Sonntagberg Bhf.
**Rückfahrt:** Regionalzug oder REX ab St. Peter-Seitenstetten Bhf.
**Mit dem Auto:** Alternativ zur Streckenwanderung am Meierhof von Stift Seitenstetten parken und der Ausschilderung des 7,6 km langen Mostobstwanderwegs
(373) folgen, der über Hofing, Steingrub und Dachsbach zurück zum Stift führt.
**Route:** Vom Bhf. Rosenau ca. 250 m parallel zu den Gleisen Richtung Südwesten
erst durch die Bahnhof-, dann durch die Ybbsstraße (Wanderweg 254). B121 queren und geradeaus weiter durch die Ybbsstraße, von der ein Fuß- und Radweg hinunter zum Fluss führt. Über die Brücke nach Oismühle, an der Kreuzung scharf
links, gleich wieder rechts und auf dem rot markierten Wanderweg erst durch den
Wald, dann über Wiesen auf den Linsberg, vorbei an der Linsberger Kapelle ❶ auf
Nebenstraßen über Moselberg nach Riedl. Ca. 200 m unterhalb der Mitterriedler
Kapelle ❷ bei der roten Wanderwegmarkierung am Baum rechts ab über die Wie-

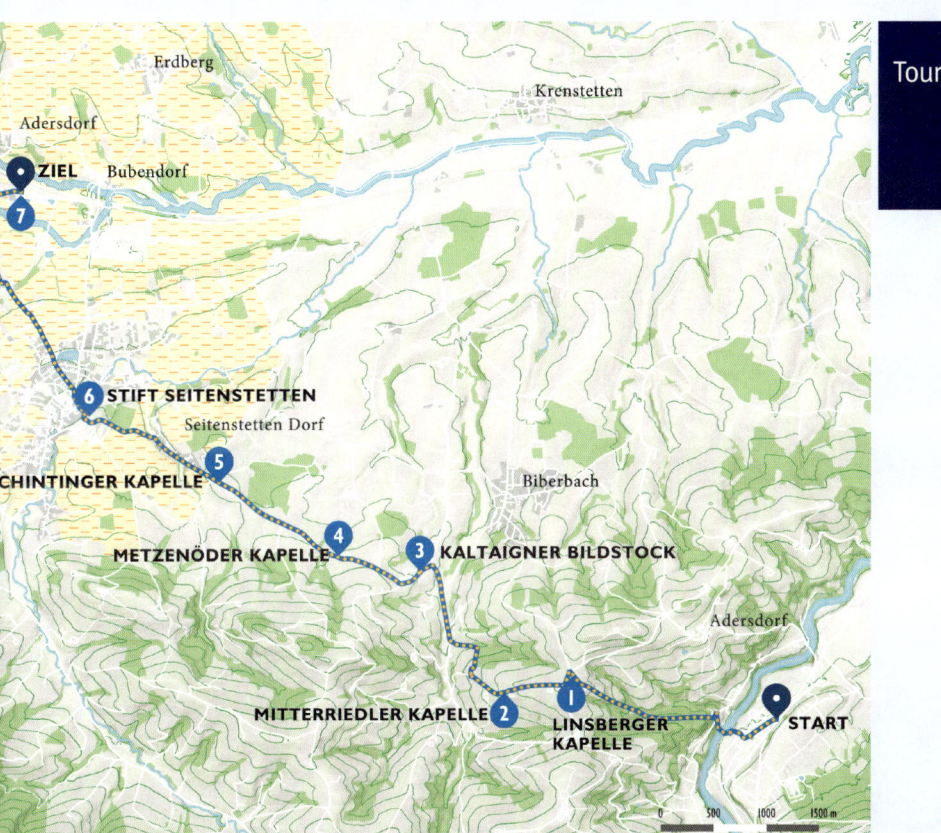

se in den Wald und am Bach entlang hinunter zur Straße. Dort rechts und auf Nebenstraßen bzw. auf der L6204 über Distlhof, Kaltaigen mit dem Kaltaigner Bildstock ❸,
Metzenöd mit der Metzenöder Kapelle ❹ und Dachsbach mit der Schintinger Kapelle ❺) zum Stift Seitenstetten ❻. Nach der Besichtigung in nordwestlicher Richtung
den Ort durchqueren, dabei vorbei am Gasthof Wieser über den Marktplatz, rechts
vorbei am Mostviertlerwirt in die Bahnhofstraße, hinter der Gabelung links in die
Dr.-Berger-Straße, die als Benediktusstraße in die Lindensiedlung führt. B122 unterqueren, in Weidersdorf an der Einmündung in die Weidersdorfer Straße rechts, bei
der Biegung am Vierkanthof Straße verlassen und geradeaus in den Fuß- und Radweg, der Richtung Norden durch die Felder führt. Ca. 250 m nach dem Queren der Url
scharf rechts und durch die Straße „An der Bahn" zum Bhf. St. Peter-Seitenstetten
direkt gegenüber vom Sagen- und Erlebnispark Laziland ❼.

# Anhang

# Ordenshäuser sind offen
## für Pilger und Pilgerinnen

Ein Sprichwort meint: „Es wird im Gehen gelöst." In der Bibel ist nachzulesen: „Und Jesus ging auf einen Berg." Das ganz einfache und bewusste Gehen, Pilgern über weite Strecken ermöglicht Erlebnisse, die Spiegelbild unseres Lebens sind: Wo liegt unser Ziel? Was nehmen wir mit? Wie gehen wir mit Schwierigkeiten um? Es ist ein besonderes Geschenk, wenn sich „warmherzige Begegnungen" ereignen. Am Weg, in der Unterkunft. Gelassenheit erwacht. Das Leben kommt mir entgegen. Dankbarkeit bleibt. Ordenshäuser, Klöster und das Begegnungszentrum Quo Vadis? in Wien nehmen diesen „Pilger-Faden" auf. Sie wollen offene Orte für Pilgerinnen und Pilger sein, sind Pilgerrast. Komm mit deinem Leben vorbei!
www.ordensgemeinschaften.at

Ordensgemeinschaften Österreich
einfach. gemeinsam. wach.

Quo vadis?

# Wege zu mehr Wissen

## Empfohlene Karten

Wanderatlas Wienerwald mit Kartenteil 1:40.000.
Freytag-Berndt und Artaria KG, Wien 2014.

Wanderatlas Wiener Hausberge mit Kartenteil 1:40.000.
Freytag-Berndt und Artaria KG, Wien 2014.

Wanderkarte Wachau. Welterbesteig, Jauerling-Runde, Jakobsweg 1:35.000.
Donau Niederösterreich Tourismus GmbH, Spitz/Donau, 3. Aufl. 2015.

Austrian Map online vom Bundesamt für Eich- und Vermessungswesen:
www.austrianmap.at

## Literaturauswahl

*Altmann, Petra:* Die 101 wichtigsten Fragen – Orden und Klosterleben. C. H. Beck, München 2011.

*Angerer, Joachim (Hrsg.)/Riegl, Andrea:* Klösterreisen. Ausflüge zu Klöstern und Kirchen. NP-Buchverlag, St. Pölten 2000.

*Angerer, Joachim:* Klösterreich. Geschichte und Gegenwart der Stifte und Klöster in Bayern, Österreich und der Schweiz. Brandstätter, Wien 2003.

*Buttinger, Sabine:* Hinter Klostermauern. Alltag im mittelalterlichen Kloster. Primus, Darmstadt 2007.

*Bundesdenkmalamt (Hg.):* Dehio-Handbuch Niederösterreich. Niederösterreich nördlich der Donau, Schroll, Wien 1990./Niederösterreich südlich der Donau, Berger, Horn/Wien 2003.

*Drausinger, Friederike:* Pilgern hat Tradition. Zweiteilige Folge der Maria Enzersdorfer Kulturblätter, Marktgemeinde Maria Enzersdorf, 2008.

*Hanne Egghardt/Kurt-Michael Westermann:* Die schönsten Schloss- und Stiftsgärten in Österreich. Kremayr & Scheriau, Wien 2009.

*Eßmann, Elke:* Gott zu Gefallen. Die schönsten Klöster, Kirchen und Kathedralen in Deutschland, Österreich und der Schweiz. Kunth, München 2012.

*Gleba, Gudrun:* Klöster und Orden im Mittelalter. Wiss. Buchgesellschaft, 4. Aufl., Darmstadt 2011.

*Janetschek, Kurt/Schisma, Ernst:* Maria Enzersdorf. Eine Geschichte in 108 Bildern. Maria Enzersdorf 1982.

*Kauko, Miriam:* Urlaub im Kloster. Zu Gast in den 100 schönsten Klöstern in Deutschland, Österreich und der Schweiz. TravelHouse-Media, München 2004.

169

*Klingner, Dirk:* 555 x entdecken. Kirchen, Klöster, Kathedralen. St. Benno, Leipzig 2009.

*Kriechbaum, Reinhard:* Klöster in Österreich. Rosenheimer Verlagshaus, Rosenheim 2008.

*Lein, Edgar:* Mittelalterliche Klöster in Deutschland, Österreich und der Schweiz. Imhof, Petersberg 2009.

*Linden, Franz-Karl von:* Die Zisterzienser in Europa. Reise zu den schönsten Stätten mittelalterlicher Klosterkultur. Beiser, Stuttgart 2004.

*Lindenthal, Peter:* Auf dem Jakobsweg durch Österreich. Tyrolia, 7. akt. Aufl., Innsbruck 2013.

*Lourdaux, W./Verhelst, D.:* Benedictine culture: 750–1050. Leuven University Press 1983.

*Melville, Gert:* Die Welt der mittelalterlichen Klöster. Geschichte und Lebensformen. Beck Verlag, München 2014.

*Petrin, Silke:* Geschichte von Maria Enzersdorf. Marktgemeinde Maria Enzersdorf 1979.

*Nagel, Bernhard:* Die Eigenarbeit der Zisterzienser. Von der religiösen Askese zur wirtschaftlichen Effizienz. Metropolis, Marburg 2006.

*Oberste, Jörg:* Die Zisterzienser. Kohlhammer, Stuttgart 2014.

*Sautner, Thomas:* Waldviertel steinweich. Ein literarischer Reise- und Heimatbegleiter. Picus, Wien 2013.

*Scholler, Christiane:* Propst Maximilian Fürnsinn: Leben, einfach Leben. Eine Spurensuche. Styria, Wien 2013.

*Sitar, Gerfried:* Die schönsten Klöster Österreichs. Styria, Wien 2005.

*Stift Herzogenburg.* Zeitzeugen der Ewigkeit. Residenz, St. Pölten 2012.

*Wallner, Karl:* Wer glaubt, wird selig: Gedanken eines Mönchs über das Glück, sinnvoll zu leben. Bastei Lübbe, Bergisch Gladbach 2009.

# Wissen im Netz (Auswahl)

atlas.noe.gv.at

kloesterreich.at

klostergeschichten.at

www.austrianmap.at

www.bergfex.at

www.cistercium.info

www.donau.com

www.gastimkloster.at

www.habsburger.net

www.imareal.sbg.ac.at/
noe-burgen-online

www.katholisch.at

www.marterl.at

www.mostviertel.at

www.naturimgarten.at

www.ordensgemeinschaften.at

www.pilgerwege.at

www.pilgerweg-jakobsweg.de

www.viasacra.at

www.waldviertel.at

www.welterbesteig.at

www.zwalk.at

# Orte und Sehenswürdigkeiten

*Blick vom Welterbesteig in Richtung Dürnstein*

# Die Autorin

© Nora Kastberger

CHRISTINA RADEMACHER, geb. 1969, arbeitete zunächst als Redakteurin bei einer Tageszeitung. Seit der Jahrtausendwende lebt sie als freie Journalistin und Autorin in Wien. Wo man in Stadt und Umland am besten spazieren gehen, wandern und Rad fahren kann, hat sie bereits für mehrere Bücher erkundet. Bei Styria erschienen *Auf den Spuren von Prunk & Pomp* (2015), *Unterwegs zwischen Wien und Bratislava* (2016) und – neu aufgelegt – *Vom Hinterhof in den Himmel* (2014/2017).

**BILDNACHWEIS**

S. 14 o. r. jorisvo/fotolia.de; S. 18 PHB.cz/fotolia.de; S. 20 o. r. karaka14/fotolia.de; S. 22 l., S. 23 Stift Göttweig/Pater Maximilian Krenn; S. 22 r. Stift Göttweig/Josef Herfert; S. 25 Stift Göttweig/Eveline Gruber; S. 58 o. r. Karl Lugmayer/fotolia.de; S. 59 Alexander Bartek/fotolia.de; S. 98 reba13/fotolia.de; S. 118 © Stift Melk, Günter Prinesdom; S. 120 u. awfoto/fotolia.de; S. 131 alle Kloster Pernegg; S. 133 PHB.cz/fotolia.de; S. 140 Renaissanceschloss Rosenburg/Lichtstark.com; S. 155 l. Gerhard Trumler/Imagno/picturedesk.com; Schuhabdruck Cover & Kern: JiSign/fotolia.de.
*Alle übrigen Fotos (inkl. Umschlagfotos):* Christina Rademacher

Texte und Wegbeschreibungen sind nach bestem Wissen und Gewissen erstellt, alle Angaben jedoch ohne Gewähr. Öffnungszeiten von Sehenswürdigkeiten können sich gelegentlich ändern, wir empfehlen daher, vorab die aktuellen Informationen auf der jeweiligen Homepage zu überprüfen.
Alle Rechte wurden gewissenhaft abgeklärt. Eventuelle berechtigte Ansprüche werden bei Nachweis in angemessener Weise abgegolten.

ISBN 978-3-222-13550-7

Wien – Graz – Klagenfurt
© 2017 by *Styria Verlag*
in der Verlagsgruppe Styria GmbH & Co KG
Alle Rechte vorbehalten

Bücher aus der Verlagsgruppe Styria gibt es
in jeder Buchhandlung und im Online-Shop
*www.styriabooks.at*

*Cover- und Buchgestaltung:* Maria Schuster, Ursula Kothgasser, www.koco.at
*Karten:* Birgit Mayer/Extraplan, Datenquellen: © OpenStreetMap contributors (openstreetmap.org); data.gv.at

Druck und Bindung: AduPrint
7 6 5 4 3 2 1
Printed in the EU

# Entdecken & erleben

*Christina Rademacher*
**Unterwegs zwischen Wien
und Bratislava**
Genussvoll durch Marchfeld
und Donauauen

ISBN 978-3-85431-721-0
14,5 x 20,5 cm, 160 Seiten
€ 19,90

*Christina Rademacher*
**Vom Hinterhof in den Himmel**
15 Spaziergänge durch das
unbekannte Wien

ISBN 978-3-222-13557-6
13,5 x 21,5 cm, 192 Seiten
€ 19,90